맹자와 장자,
희망을 세우고 변신을 꿈꾸다

'누님'이라 부를 나이지만
여전히 '누나'가 편한 신미영은
나를 앞에 두고 자신을 뒤에 두었습니다
이 책에서 누나를 앞에 두려고 합니다

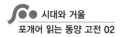
시대와 거울
포개어 읽는 동양 고전 02

맹자와 장자,
희망을 세우고
변신을 꿈꾸다

성정의 세계를 대표하는 두 거장의 이야기

신정근 지음

사람의무늬

일러두기

1. 책과 저널 등의 제목은 『 』로 묶고, 단편의 글(논문)이나 그림, 영화, 시, 노래 등의 제목은 「 」로 묶어 표기한다.

2. 본문 중에 『맹자』와 『장자』의 원문을 인용할 경우, 괄호 안에 해당 편과 장을 밝혀 두었다. 맹자와 장자의 번역은 필자가 완역을 준비하고 있지만 아직 출판하지 않는 번역본에 따랐으므로, 오역이 있다면 그것은 전적으로 필자의 책임이다. 인용 부분의 전체 맥락을 살펴보도록 하기 위해서 우리말 번역으로 차주환 옮김, 『맹자』(명문당, 1992)와 박경환 옮김, 『맹자』(홍익출판사, 1999)와 안동림 옮김, 『장자』(현암사, 2001)와 안병주 · 전호근, 『장자』(전통문화연구회, 2002)의 해당 쪽수를 밝혀 두었다. 다른 책의 경우도 한글 번역본과 그 쪽수를 밝혔다.

3. 맹자와 장자 관련 사진은 대부분 필자가 2014년 2월에 중국의 산둥성, 안후이성, 장쑤성, 허난성을 답사하면서 직접 찍은 자료이다. 국내에 널리 알려진 사진도 있지만 처음으로 공개되는 사진이 다수 있다. 맹자의 고향은 산둥성 저우청鄒城시이다. 저우청시에는 맹묘孟廟와 맹부孟府, 맹림孟林, 맹모림孟母林, 맹자고리孟子故里가 있다. 장자의 고향은 안후이성 멍청蒙城현과 허난성 민취안民權현 두 곳으로 알려져 있다. 민취안에는 탕황唐莊촌의 장자능원莊子陵園과 순허향順河鄉 칭롄青蓮촌의 장자고리가 있다.

4. 책의 구성과 편제는 같은 시리즈의 제1권 『공자와 손자, 역사를 만들고 시대에 답하다』에 의거한다.

5. 개념어와 이름의 경우 두음 법칙을 따르지 않았다. 예를 들어, 력力 등.

춘추전국시대에는 공자를 위시하여 묵자, 맹자, 노자, 장자, 한비자 등 많은 사상가들이 비슷한 시기에 다수 등장해서 활동했습니다. 우리는 이들을 '제자백가諸子百家'라고 부릅니다. "제자백가는 왜 한꺼번에 등장했을까요?" 이는 그들이 활동한 시공간과 밀접한 관계가 있습니다. 제자백가들은 주로 혈연과 지연에 제한된 원시 공동체가 철기와 농업 혁명에 바탕을 둔 중앙 집권적 관료 국가로 변해가는 시대 공간을 살았습니다.

오늘날 우리는 정치 경제의 문제가 개별 국가의 범위에서 결정되지 않고, 세계 차원에서 영향을 주고받는 세계화 또는 글로벌의 상황에 놓여 있습니다. 이전의 틀로 해결되지 않는 문제 상황이 끊임없이 생겨나기 때문에 우리는 자주 "도대체 뭐가 문제지?", "어떻게 할까?"라는 생각을 하게 됩니다.

사람이 아무리 "생각하는 갈대"라고 하지만, 늘 생각한다는 것은 버겁고 힘든 일입니다. 사람은 보통 "늘 하던 대로", "습관대로" 살아갑니다. 하지만 춘추전국시대나 오늘날의 경우 기성의 방식으로 치열하게 생각을 해봐도 뾰족한 답을 찾을 수 없을 때가 많습니다. 따라서 그들과 우리는 해결해야 할 문제를 두고 고민하고 고뇌하게 되는 것입니다. 이렇게 보면 그간 아무런 문제가 없었던 단단한 사고의 틀에 균열이 생겨나면서 '생각'이 일어나게 됩니다.

이런 생각은 사상가들의 일만이 아닙니다. 누구나 겪을 수 있는 일입니다. 학창 시절에는 누구나 시험 공부는 하기 싫지만 성적은 잘 받고 싶어 합니다. 시험이 1주일 정도 남아 있고 성격마저 느긋하다면 "좀 더 놀다가 막판에 공부하면 돼!"라며 호기를 부리며 열심히 놀게 됩니다. 하지만 아무리 강심장이라도 시험 전날이 되면 "내일 어떻게 시험을 칠까?"라며 고민하게 됩니다. 시간의 압박이 더 이상 여유를 부리지 못하게 하는 것입니다. 벼락치기를 하든가 부정한 모의를 하든가, 궁지에 몰린 상황을 벗어날 길을 생각하는 것입니다.

공자와 손자, 맹자와 장자도 기존의 원시 공동체에서 통용되던 삶의 형식이 현실에서 제대로 작동하지 않자 '고장 난 삶의 시계'를 고쳐서 쓸 것인지 아니면 버리고 시계를 새로 살 것인지 고민했습니다. 그들이 내놓았던 해법이 각양각색이었기 때문에 '제자백가'라고 하는 것입니다. 후대의 말로 달리 표현하면 온갖 꽃이 일제히 피어난다는 '백화제방百花齊放', 여러 사람들이 하나같이 제목소리를 내며 떠든다는 '백가쟁명百家爭鳴'이라고 할 수 있습니다.

만약 다양한 사상가들이 겉만 다르고 속이 같았다면, '제자'와 '백가'라는 말이 생겨나지 않았을 것입니다. '제자백가'의 말이 생겨났다는 것은 결국 그들이 새로운 시대에 맞는 삶의 문법을 기획하려고 한 것이므로 기존의 통일된 세계관에 도전하는 양상을 띠고 있다는 것을 보여줍니다. 이 기획은 오늘날 중국의 찬란한 사상 문화에 한정되지 않습니다.

그리스와 로마가 오늘날 그리스와 이탈리아의 사상 문화에 한정되지 않는 것과 마찬가지입니다. 제자백가는 국가와 지역을 넘어서 세계사적 의미를 갖는다고 할 수 있습니다. 따라서 현대 중국만이 아니라 동아시아 사람들은 제자백가를 '고유한 중화사상', '동아시아 문화'에 갇히지 않는 인류 역사의 시각에서 조망하려는 노력을 할 필요가 있습니다.

사람은 저마다 독특한 기호를 가지고 있습니다. 따라서 우리는 제자백가 중에서도 자신의 취향과 비슷한 사상가를 편애하게 됩니다. 공자를 좋아하는 사람은 『논어』를 즐겨 읽고, 한비를 좋아하는 사람은 『한비자』를 주로 읽습니다. 또 외교와 전략에 관심이 있으면 소진蘇秦과 장의張儀가 주인공으로 등장하는 『전국책』을 읽고, 군사와 경영에 취향이 있으면 손무와 손빈의 병서를 읽습니다. 아마 자연과 무위를 좋아하는 사람이라면 『노자』와 『장자』를 읽을 것입니다.

이렇게 자신의 관심사에 따라 제자백가의 책을 읽으면, 그 나름의 터득을 하게 되고 즐거움을 누리게 됩니다. 하지만 놓치는 것이 있습니다. 제자백가는 다른 사상가의 글을 끌어오더라도 인용 표시를 하지 않습니다. 오늘날 기준으로 보면 '표절'의 논란에 휘말릴 만한 경우도 있습니다. 예컨대 맹자가 '성선性善'을 말하면서 물이 위에서 아래로 흐르는 자연의 경향성을 말하고 있습니다. 이는 묵자가 관찰해서 써먹었던 사실입니다. 맹자는 이를 말하면서 묵자가 말한 사실을 밝히지 않았으니 표절했다고 할 수 있습니다. 따라서 제자백가의 책을 한 권만 읽으면 이러한 사실을 알아차릴 수가 없습니다.

그래서 나는 "제자백가 중 한 인물의 사상을 잘 알려고 하면 하나만을 읽을 것이 아니라 다른 사상가들과 크로스 체크를 해야 한다."라고 생각합니다. 간단히 말하면 'Reading of cross-check'입니다. 공자 사상을 알려면 위로 『주역』, 『시경』, 『좌전』, 『국어』, 『관자』와 함께 읽고, 아래로 『묵자』와 견주어 읽으면 좋습니다. 『논어』만을 읽을 때 풀리지 않는 문제, 예컨대 소인小人의 출현 등을 이해할 수 있습니다.

그렇다면 왜 공자와 손자에 이어서 맹자와 장자를 묶어서 크로스 체크의 읽기를 해야 하는 것일까요? 일단 맹자와 장자는 비슷한 시대를 살았습니다. 사마천이 『사기』에서 언급하고 있듯이 맹자와 장자는 모두 『맹자』의 첫 편에 나오는 양나라 혜왕惠王과 제나라 선왕宣王이 재위에 있던 시공간에서 활약했습니다. 그들은 비슷한 시대를 살면서 당시 철학계의 핫 이슈로 떠오른 마음 '심心'의 문제를 함께 씨름했습니다. 하지만 씨름한 결과는 너무나도 달랐습니다. 바로 이런 점에서 맹자와 장자를 하나로 묶어서 비교해 볼 만한 이유가 있는 것입니다.

사람과 사물을 파악하기란 쉽지가 않습니다. 그래서 관찰, 분석, 종합, 비교 등 다양한 방법을 활용해야 합니다. 이 중에 비교의 방법은 하나만 보면 알 수 없지만 둘을 함께 보면 알게 되는 장점을 가지고 있습니다. 유적지를 답사하고 사진을 찍었다고 해보지

요. 나중에 사진만 본 사람은 유물만 찍힌 사진을 보고서 그 크기를 가늠하기가 어렵습니다. 그러나 사람이 유물 옆에 서 있으면 유물의 크기가 얼마나 큰지 쉽게 가늠할 수 있습니다.

또 한 집의 식구는 서로 익숙하기 때문에 자신들이 얼마나 닮았는지 잘 모릅니다. 다른 사람이 그 가족과 다른 가족을 비교해 보면 가족끼리 '붕어빵'처럼 닮았지만 다른 가족과 전혀 다르다는 것을 쉽게 알아차리게 됩니다.

추상적인 사례를 들어보겠습니다. 우리는 자유가 좋고 바람직하다고 생각합니다. 하지만 자유를 개념적으로 정의하라고 하거나 어떤 상태가 자유에 부합하는지 판단하라고 하면 그 주문이 만만치 않습니다. 방식을 바꿔서 자유를 그 반대편에 있는 억압과 구속, 강제와 폭력에 견주어 보면 '자유'가 무엇인지 분명하게 이해할 수 있게 됩니다.

맹자와 장자의 관계도 마찬가지입니다. 둘 다 전국시대의 위대한 사상가입니다. 그들은 우리나라의 설악산, 지리산, 한라산, 백두산처럼 전국시대의 사상사에서 거대한 산과 같은 존재입니다. 집 뒤의 야산은 한 달음에 꼭대기까지 올라갈 수 있지만, 큰 산은 오르고 올라도 끝이 없습니다. 산이 눈앞에 보여서 조금만 가면 정상에 이를 듯하지만 오르고 올라도 제자리를 맴도는 것처럼, 가야 할 거리가 쉽게 좁혀지지 않습니다. 하산하는 사람은 "얼마 남았느냐?"라는 질문에 "조금만 가면 됩니다. 힘 내세요."라고 덕담을 건네지만, 그 '조금'은 사람의 인내심을 조바심 나게 만들기 쉽습니다.

그래서 맹자와 장자라는 산을 오르려면 많은 준비와 인내심이 필요합니다. 이때 맹자와 장자를 비교해 보면 두 사람의 사상을 완독하지 못하더라도 아쉬운 대로 "이런 차이와 저런 특징이 있구나!"라는 것을 느끼고 깨달을 수 있습니다. 특히 두 사람은 같이 '마음 심心'을 두고 생각에 생각을 거듭했기 때문에 겹쳐 읽고 포개서 읽으면 따로따로 읽을 때보다 더 많은 수확을 거둘 수가 있습니다. 고은 시인의 "내려갈 때 보았네 올라갈 때 보지 못한 그 꽃"이라는 시를 패러디한다면, 크로스 체크하는 독법은 "함께 읽을 때 보았네 따로 볼 때 보지 못한 그 뜻"이라고 할 수 있습니다.

두 사람의 결정적인 차이는 성선性善과 제물齊物에 있습니다. 맹자는 성정에서 사람이 똑같지만 발현에서 차이가 나므로, 그 차이에 따라 차등적인 사회 질서를 꾸리려고 했습니다. 장자는 성정에서 사람이 다르고 발현에서도 다르므로, 그 다름을 개인의 고유성으로 인정하자고 했습니다. 둘 사이의 이러한 차이는 『맹자』와 『장자』 곳곳에서 때로는 격렬하게 부딪치기도 하고 때로는 손뼉을

치기도 하면서 도도하게 흘러가고 있습니다.

　동양 철학하면 너무 '공자'와 '논어'에 편중된 경향이 있습니다. 실제로 맹자와 장자만큼 후대 철학사에서 두고두고 논란이 되고 화제가 되는 개념과 사상을 일구어 낸 사람도 드뭅니다. 맹자는 우리가 지금도 쓰고 있는 조심操心, 방심放心, 진심盡心, 항심恒心과 혁명革命, 인자무적仁者無敵, 정전井田 등의 사상을 창출해 냈습니다. 특히 고려 말의 정도전은 맹자의 혁명 사상에 의거해서 새로운 세상을 여는 길을 찾아냈습니다.

　장자는 소요유逍遙遊, 제물齊物, 좌망坐忘, 심재心齋, 자연自然, 무용지용無用之用, 무하유지향無何有之鄕과 붕정만리鵬程萬里, 호접몽胡蝶夢, 포정해우庖丁解牛, 우언寓言 등의 사상을 창출하여 철학 사상과 문화 예술에 실로 엄청난 창작 동기를 제공했습니다. 예컨대 명말청초의 화가 팔대산인八大山人(1626~1705)의 그림을 볼 때 그가 그린 새며 물고기며, 장자의 이야기를 연상하지 않으면 그림을 감상할 수가 없을 정도입니다.

　우리 사회는 쏠림 현상이 심합니다. 영화든 사람이든 하나가 "떴다"거나 "대세다"라고 하면 온통 그쪽으로 관심이 쏠립니다. 반면 다른 곳으로는 눈길조차 주지 않습니다. 뜨거움과 차가움의 온도 차이가 상상 이상으로 넓고 깊습니다. 이러한 쏠림 현상은 그간에 주목을 받지 못하던 새로운 인물과 주제 그리고 영역을 부각시키는 장점을 가지고 있습니다.

하지만 이러한 편향된 사고와 행동은 인문학과 거리가 멉니다. 왜냐하면 뜨거운 반응이 있는 곳에 과대평가의 우려가 있고, 차가운 반응이 있는 곳에 과소평가의 우려가 있기 때문입니다. 또 급하게 끓어올랐다가 언제 그랬느냐는 듯이 갑자기 싸늘하게 식어 버릴 수도 있습니다. 이처럼 공정과 공평의 기회가 제공되지 않으면 결국 모두에게 고통을 낳을 수 있습니다.

지금 우리가 인문학 열풍의 시대를 살아가고 있다면 당연히 동양 철학의 사상가 중에서 공자 이외의 다른 사상가에게도 관심을 기울일 만합니다. 맹자와 장자는 결코 공자의 명성에 눌릴 작은 사상가가 아닙니다. 모두 철학사의 한 페이지를 차지할 만한 거대한 산과 같은 존재입니다. 이 책이 공자 이외에 동양 철학의 다양한 사상가에게 관심을 기울이도록 독자들의 시야를 넓히는 기회가 되기를 바라마지 않습니다.

아울러 이 책은 같은 시리즈의 제1권 『공자와 손자, 역사를 만들고 시대에 답하다』와 함께 동양 철학의 사상가를 소개하면서 처음으로 시각 자료와 문자의 종합을 시도한 의의를 가지고 있습니다. 서양의 철학사를 다룰 때 도판과 글의 결합은 이미 시도되었지만, 동양의 철학사를 다룰 때 문자 독점의 현상은 아직 여전합니다. 보통 동양 철학의 글은 문자에 의존하거나 초상화 몇 장을 소개하는 방식으로 구성됩니다. 사정이 이러하니 동양 철학을 읽으려는 욕구가 줄어들 수밖에 없는지도 모릅니다. 내용이 괜찮아도 방식에 식상하면 관심을 갖기가 어렵습니다. 요즘 문자를 '읽는' 것보다 그림을 보듯이 문자를 '보는' 세대가 등장한 만큼, 동양 철학의 글도 시대의 변화에 조응하는 노력을 할 필요가 있습니다.

한 장의 사진과 한 폭의 그림이 수많은 문자와 함께 사상가에 대한 이해와 사상의 울림을 극대화할 수 있습니다. 도판은 문자가 주지 못하는 점을 전달하는 독특한 기능을 가지고 있습니다. 또 문자는 처음부터 끝까지 순차적으로 읽는 시간을 들이지 않을 수 없습니다. 도판도 시간을 들여서 구석구석 훑어볼 수 있지만 보는 순간에 확 잡아당기는 느낌을 주기도 합니다.

공자와 손자만이 아니라 맹자와 장자도 시각 자료가 글을 이해하는 데 큰 도움이 되리라고 생각합니다. 앞으로도 다양한 시도를 통해 동양 철학을 보다 입체적이며 생생하게 이해할 수 있는 틀을 만드는 데에 관심을 기울이려고 합니다. 이를 위해서 이 책의 발간을 준비하며 맹자와 장자의 고향을 찾아 그들의 자취가 담긴 곳을 걸으며 생각했습니다. "여기서 어떻게 자신의 생각을 일구었으며 그 생각을 다른 사람들과 나누었을까?" 그들의 숨결을 느낄 수 있는 곳이라면 멀고 험한 곳이라도 찾아 가서 사진 자료를 찍어 왔습니다. 글과 사진으로 맹자와 장자의 사상에 좀 더 가까이 다가갈 수 있기를 바라마지 않습니다.

'포개어 읽는 동양 고전 시리즈'는 2권으로 끝나지 않고, 지면과 사정이 허락한다면 유무有無의 세계를 대표하는 『묵자와 노자, 공존을 꾀하고 방임을 말하다』, 예법禮法의 세계를 대표하는 『순자와 상앙 · 한비, 설득을 논하고 동원을 명하다』, 현실과 사유의 세계를 대표하는 『소진 · 장의와 공손룡, 조작을 일삼고 논리를 펼치다』 등으로 이어질 수 있습니다. 이 시리즈를 통해 제자백가의 사상을 흥미롭게 이해하는 기회가 되기를 바랍니다.

꽃샘추위가 없었던 봄을 보내면서
여여如如 신정근 씁니다

장자, 변신을 꿈꾸다

성정의 세비를 대표하는
두 거장의 이야기

전국시대의 사상가를 묶을 때 나는 '맹장순'이라는 말을 즐겨 사용한다. 처음 들어보는 사람은 '맹장순'이 여자 이름인가 생각할지도 모르겠다. 한자로 쓰면 '맹장순孟莊荀'이 된다. 이제 눈치를 챘겠지만 맹장순은 맹자, 장자, 순자의 성을 줄여서 하는 말이다.

나는 세 사람을 왜 이렇게 묶어서 말할까? 그들은 비슷한 시기에 활동하면서 한편으로 같은 문제를 두고 치열하게 고민하고, 다른 한편으로 사람의 이름을 밝히지 않지만 상대를 격렬하게 비판하고 있다. 그들이 간여한 '마음 심心' 논쟁의 흐름을 보면, 맹자가 양주와 묵적을 비판하면서 마음의 주제를 열어젖히자 장자가 맹자를 비판하고 또 순자가 맹자를 비판한 장자를 비판했다. 이렇게 마음을 두고 물고 물리는 논쟁을 벌였으므로 세 사람을 하나의 덩어리로 묶어서 논의할 만하다.(제자백가의 상관 관계는 『신정근 교수의 동양고전이 뭐길래?』의 권말 도표 참조)

'맹장순'을 처음 듣는 사람은 한 덩어리로서 세 사람을 취급하는 것이 당혹스러울 수가 있다. 이러한 명명이 나름대로 타당하다는 것을 어떻게 알 수 있는가?

장자의 「내편內篇」은 맹자의 「고자告子」와 「진심盡心」을 읽지 않으면 반쪽 읽기에 지나지 않고, 또 순자의 「해폐解蔽」는 장자의 「내편」을 읽지 않으면 역시 반쪽 읽기에 지나지 않는다. 즉, 맹자의 「고자」, 「진심」과 장자의 「내편」 그리고 순자의 「해폐」를 서로 비교하면서 읽으면, 세 사람이 상대를 얼마나 강하게 의식하면서 서로가 제기했던 문제를 극복하기 위해 어떠한 지적 모험을 벌이고 있었는지 그 광경을 그려 볼 수 있다. 앞서 말했듯이 이런 사실은 'Reading of cross-check'의 독법을 통해서만 알 수 있다.

세 사람의 논점을 간단하게 소개하면 다음과 같다. 맹자는 마음의 특정한 경향성에 주목하여 그것을 키우고 행동으로 외화外化시킨다면 개인의 인격이나 사회의 공통선이 신장되리라고 보았다. 장자는 마음을 특정한 경향성으로 나누는 것이 불가능할 뿐만 아니라 활발한 마음의 생성력을 왜곡하게(약화시키게) 된다고 보았다. 마음이 어떠한 방향으로 나아갈지 규정할 수 없는데도 그것을 규정하게 된다면, 불가능을 가능으로 가공하게 된다고 보았다. 순자는 장자의 발견처럼 마음이 복잡하고 다양한 흐름으로 되어 있다는 점을 인정한다. 하지만 이러한 심리 현상의 착종이 사실이더라도 심리의 재분류가 객관적으로 불가능하지 않다고 보았다.

나도 처음에 세 가지 책을 따로따로 읽었을 때 이러한 사실을 전혀 눈치채지 못했다. 세 가지 책을 따로따로 읽고 다시 세 책을 겹쳐서 읽으면서 이를 발견했던 것이다. 따로 또 같이 읽으면서 세 가지 책을 자연스럽게 비교하게 되었고, 하나의 의문이 풀리고 세 가지 책이 서로 연결되면서 하나의 덩어리로서 '맹장순'을 찾아냈던 것이다. 수십 번 읽지 않으면 불가능한 일이라고 할 수 있다.

이제 맹장순이 마음을 발견하고서 그것을 정교하게 논의하게 되는 과정을 간략하게 살펴보자.

◈ 중국 철학의 최초 물음

오늘날 인종으로 따지면 한족漢族이 13억 중국인의 절대 다수를 차지한다. 이 '한족'이란 말은 진제국의 붕괴 이후 유방이 항우와의 대결에서 이기고서 세운 한漢제국과 관련이 있다. 이로써 황하와 회수淮水 그리고 장강 유역에 살았던 모든 종족의 사람들이 한족으로 통합된 것이다. 그러나 우리가 맹자와 장자더러 '한족'이라고 한다면, 그들은 어안이 벙벙할 것이다. 한족이라는 말을 들어본 적이 없기 때문이리라. 이것은 한반도에서 신라가 삼국을 통일

샤를 드 브룅, 「알렉산드로스 대왕의 바빌론 입성」(1664)

알렉산드로스 대왕은 이집트, 페르시아, 인도 북서부를 점령하여 제국을 건설했다. 그는 어린 시절에 아리스토텔레스로부터 철학 등 세계를 보는 눈을 배웠다. 알렉산드로스 대왕이 원정길에서 얻은 자료는 박물학적 관심을 가진 그의 스승에게 큰 도움을 주었을 것이다.

칭기즈 칸의 초상

칭기즈 칸은 흩어져 있는 몽골의 유목 민족을 통일하고서 중국, 중앙아시아, 동유럽까지 세력을 뻗쳐서 인류 역사상 가장 빠른 시간에 가장 넓은 영토를 거느린 제국을 건설했다. 뿔뿔이 흩어진 세력을 모아서 하나의 통일된 힘으로 결집해 낸 결과였다.

하면서 모든 사람들이 신라인이 된 것과도 비슷하다.

　오늘날 중국 철학의 텍스트는 한족이 아니라 그 이전에 있었던 주족周族과 그 이전의 은족殷族 등의 이야기와 경험을 담고 있다. 전설과 신화에서는 그 기원을 황제黃帝, 신농神農 등으로 올려 잡고 있다. 『서경』과 『시경』 등 중국 철학의 초기 문헌에서는 "주족이 주위의 다른 경쟁 종족의 도전과 소수 종족의 반발을 누그러뜨리고 안정된 세계의 질서를 세울 수 있을까?"에 초점을 두고 있다. 일반적으로 말하면 "어떻게 하면 서로서로 잘 어울려 지낼 수 있을까?"를 탐구했다고 할 수 있다.[1]

　그 결과 초기 문헌은 '덕德'과 '력力'을 중심으로 논의를 진행하고 있다. 력은 사람이 무력에 바탕을 두고서 타자를 굴복시키는 길이다. 사람이 압도적인 힘을 키워서 상대가 감히 도전하려는 의지를 갖지 못하게 만드는 것이다. 하지만 힘은 늘어날 수도 있고 줄어들 수도 있다. 지금 지배 집단의 힘이 강성하다가 언제든지 약화될 수 있고, 피지배 집단의 힘이 약하다가 언제든지 강화될 수가 있다. 따라서 힘은 지금 당장 주도권을 잡는 데에 큰 도움이 되지만 질서를 영속적으로 보장할 수는 없다. 우리는 이런 사례를 역사에서 숱하게 보아 왔다. 인도까지 힘을 미쳤던 알렉산드로스 대왕,

---

1) 이와 관련해서 신정근, 『철학사의 전환』(글항아리, 2012) 참조.

유럽까지 세력을 넓혔던 칭기즈 칸의 몽골족도 영원한 제국을 유지시키지 못하고 멸망의 길을 걸었다.

덕은 이처럼 력이 가지고 있는 한계에서 출발한다. 력은 힘을 바탕으로 나의 의지를 상대에게 강요할 수 있지만, 상대는 언제라도 강요에서 벗어나거나 거꾸로 나를 강요하려는 기도를 쉬지 않는다. 이로써 세계는 끊임없는 힘의 충돌을 피할 수 없다.

덕은 강요와 압박이 아니라 회유와 설득을 통해 공동의 세계를

아프리카 소년병

맹자는 전국시대에 벌어졌던 전쟁의 참상을 심각하게 표현했다. 그 당시의 전쟁이 아무리 처절했다고 하더라도 오늘날 아프리카에서 벌어지는 내전과 그 내전에 동원되는 소년병의 처지만큼 참혹했을까? 전쟁은 원래 최상급이 없는 법이니 예나 지금이나 처참하기는 마찬가지이다. 우리는 이 상황에서도 '성선'을 말할 수 있을까?

가꾸고자 한다. 덕을 가진 사람은 자신의 의지를 상대에게 일방적으로 강요하지 않는다. 유덕자는 나와 상대의 의지가 상통할 수 있는 가능성을 인정하기 때문에 상대를 일방적인 착취의 대상으로 보지 않는다. 어떤 경우 력의 입장에 보면 덕은 손실과 손해마저 기꺼이 수용하면서 나보다 상대의 처지를 우선적으로 고려한다. 그 결과 나의 힘이 약해지더라도 상대는 나를 타도의 대상으로 삼지 않는다. 여기서 나와 상대가 전쟁과 폭력의 상태를 벗어나 공존과 평화의 상태를 이룰 수 있다.

하지만 초기 문헌에서 덕은 누구나 가질 수 있는 일반적인 역량이나 특성이 아니었다. 그 말이 주로 '왕덕王德'으로 쓰이는 것처럼 사회 질서를 형성할 수 있는 남성의 지도자와 관련이 있다. '어린아이의 덕', '서민의 덕', '여성의 덕'의 방식으로 덕이 쓰이지는 않았다. 훗날 여성과 관련해서 덕이 쓰였지만 그것은 여성 그 자체가 아니라 아내로서의 덕이었다. 이 부덕婦德은 어디까지나 남성 지도자의 덕을 보완하는 역할에 그쳤지, 그것에 도전할 수는 없었다.

덕은 력보다 이해하기 어렵다. 력은 물리적으로 환산이 가능할 뿐만 아니라 무엇을 움직이게 하고 변화시키는 과정을 관찰할 수 있다. 즉, 인과 관계를 확인할 수 있다. 반면 덕은 물리적으로 환산될 수 없으므로 관찰할 수가 없다. 그렇다고 덕의 존재를 완전히 무시할 수는 없다.

오늘날 일상 언어에서 범접할 수 없고 함부로 대할 수 없는 인물을 가리켜 '아우라', '카리스마', '분위기', '기품', '기운', '기세', '강한 느낌' 등의 표현을 자주 사용한다. 어떤 사람 앞에 가면 평소 말을 잘하던 사람도 말을 더듬거리고 요구 사항을 제대로 따지지 못하는 경우가 있다. 이때 우리는 그 사람에게 함부로 대할 수 없는 어떤 힘이 있다고 말한다. 바로 이러한 힘이 덕이다.

이러한 덕이 단순히 지배자의 위치에서만 오는 것은 아니다. 지위에다가 전문성, 탁월성, 실력, 경력, 실적, 창의성, 선견지명 등 다양한 능력을 지니고 있기 때문에, 그 사람 앞에서 따지지도 말하지도 못하고 그냥 듣거나 받아들이게 되는 것이다. 중국 철학의 초기 문헌에서는 바로 이러한 덕을 가지기 위해서 어떻게 해야 하고, 그러한 힘을 가지고서 어떻게 발휘해야 하는가를 탐구했던 것이다. 그들은 결국 유덕자이기도 하고 성왕聖王이기도 했다. 그래서 하늘은 그들에게 지상 세계의 지배권을 위임하는 명령을 내렸던 것이다.

◇ 수기안인, 공자의 새로운 문제 설정

공자가 살았던 시대는 천자의 나라인 주周나라가 명실상부한 역할을 다하지 못했다. 대신 우월적인 군사력을 지닌 패자霸者가 번갈아 등장해서 국제 질서를 유지하고 있었다. 이러한 상황에서 제자백가들은 "이러한 혼란은 일시적일까 아니면 장기적일까?", "혼란은 수습될 수 있을까 아니면 다른 질서로 대체될 것일까?", "돌이킬 수 없는 혼란이라면 살아남는 길은 무엇일까?", "무엇 때문에 사회 혼란이 생겨났을까?"라는 문제를 두고 고민을 하게 되었다.

제자백가들은 각기 나름대로 시대 상황을 진단하고 그에 따른 해결 방안을 제시했던 것이다. 이들 중에서 공자는 선배 그룹에 속하는 인물이었다. 그는 소인의 등장과 세력화 그리고 지도자의 부패와 타락에서 시대 문제를 읽어 냈다. 그는 이를 바탕으로 나름의 해결 방안을 제시했다. 그 중에 핵심이 바로 '수기안인修己安人'이라고 할 수 있다.

제자 자로가 공자에게 자신의 시대를 이끌어 갈 이상적인 인격으로서 군자君子가 어떤 사람이어야 하는지 질문을 던졌다. 공자는 처음에 간단하게 대답하고 그치려고 하다가 자로의 질문이 거듭되자 문제를 진지하게 생각했다.

공자는 처음에 "자신을 갈고 닦아서 맡은 바를 신중하고 차분하게 수행하라!"고 대답했다. 자로는 이 대답이 너무 개인에 한정된다고 생각해서 재차 질문을 던졌다. 이에 공자는 "자신을 갈고 닦아서 주위 사람들을 편안하게 해줘야 한다!"라고 말했다. 개인을 넘어서 주위 사람을 품게 된 것이다. 자로가 다시 같은 질문을 되풀이했다. 공자는 마지막으로 "자신을 갈고 닦아서 백성들을 편안

하게 해주지만, 그 수준은 이상적인 요와 순임금마저도 해내지 못해서 아파했다."고 대답했다.[2]

자로와 공자의 전체 이야기를 살피면 두 사람이 나아가고자 하는 방향이 분명하게 드러난다. 현실에서 지도자인 양 하지만 정작 '수기'도 되지 않아서 감정을 스스로 조절하지도 통제하지도 못하며 문제를 인지하고 대응할 능력이 없어서 우왕좌왕하는 것이다. 이런 인물이 지도자의 자리에 앉아 있으니 혼자가 아니라 주위 모든 사람을 괴롭히는 것이다. 차라리 그런 자리에 앉지 않았으면 좋았을 일이다. 그들은 폼을 잡지만 실제로 무능하기 그지 없고 부패와 비리를 반성할 줄 모르기 때문이다. 국부를 온통 사리와 사욕을 위해 흥청망청 쓸 줄만 알지 공동체의 문제를 공적으로 해결하는 지혜를 발휘하지도 못한다.

'수기안인'은 글자로만 보면 그저 그런 말로 보이지만, 사회적 맥락에서 보면 시대의 병폐를 정확하게 진단하고 나아갈 방향을 지시하는 말이다. 아니 당시의 지도자들에게 카운터 펀치를 먹이는 핵폭탄 같은 발언이다. 구어체로 번역하면 이렇다. "도대체 자기 조절도 못한 작자가 왕이라니. 그래놓고 백성을 편안하게 한다고 소가 웃을 일이다."

이제 지도자가 되려면 반드시 '수기'를 완수해야 하고 이어서

---

2) 「헌문」 45: "子路問君子. 子曰: 修己以敬. 曰: 如斯而已乎? 曰: 修己以安人. 曰: 如斯而已乎? 曰: 修己以安百姓. 修己以安百姓, 堯舜其猶病諸?"(신정근, 588)

'안인'을 해야 하는 것이다. 이 테제는 공자 당시만이 아니라 오늘날에도 공직자나 사회 각 분야의 리더뿐만 아니라 모든 사람에게도 확대되어 적용될 수 있다. 우리는 시민의 대표자가 되려고 선거에 나서는 사람을 보게 되면, "당신, 수기가 되어 있나요?"라고 물어볼 필요가 있다. 그것에 제대로 대답을 하지 못한다면 그 스스로 물러나야 하고, 그렇지 않으면 우리는 그런 인물에게 표를 던져서는 안 된다. 적어도 공자의 주장에 동의한다면 말이다.

안인安人과 안백성安百姓은 해석하기에 따라서 이룩해야 할 목표가 달라진다. '편안하다'라는 말이 생명의 안전, 최소한의 물질적 조건의 충족, 지역 공동체의 평화, 풍족한 물질적 생활, 사회 갈등의 해결, 심리적 만족도의 최상, 세계 평화 등 모두에 해당될 수 있기 때문이다. 전설상의 이상적인 제왕으로 알려진 요와 순마저 '안백성'을 어려워했다고 하면, '안'의 기준은 초보적인 수준이 아니라 상당히 높은 수준의 만족을 뜻할 것이다. 이러한 추론이 맞다면 '안'은 최상의 복지 상태에 이른 수준을 가리킨다고 할 수 있다. 이로써 우리는 공자가 무엇을 하고자 하는지 그 방향을 한층 더 분명하게 이해할 수 있다.

◇ 경물중생, 양주의 방향 전환
공자에 이어서 묵자墨子가 나타났다. 그는 기본적으로 공자의 수기안인에 동의한다. 하지만 그는 수기안인이 결국 혈연의 가족

맹자성적도 중 「역벽양묵力闢楊墨」

맹자는 자신의 사상적 임무를 양주와 묵적의 해악을 제거하는 것으로 설정했다. 『맹자』를 보면 그들에 대한 적개심이 얼마나 강한지 알 수 있다. 이 때문에 그가 성선性善을 말한 사람이 맞는지 의문이 들 정도이다. 이는 선에 대해서는 따뜻하겠지만, 악에 대해서는 차갑다는 것을 보여준다.

에 바탕을 두고 있는 한, 보편애로 나아갈 수 없다고 보았다. 공자의 수기안인에서 인이 일반적으로 모든 사람을 가리키지 않고, 혈연적 유대를 가진 사람을 우선적으로 가리킨다고 비판한 것이다. 이에 따르면 수기안인은 혈연의 유대를 강화시킬 수는 있지만 씨족과 씨족 간의 갈등을 조정할 수 없게 된다.

묵자는 자신과 공자의 차이를 뚜렷하게 드러내기 위해서 '별애別愛'와 '겸애兼愛'의 도식을 사용했다. 별애와 겸애는 나 아닌 다른 사람을 사랑한다는 점에서 같다. 하지만 사랑의 범위가 제한되느냐에 따라 그 둘은 구분된다. 즉, 별애는 '내'가 자신과 혈연적으로 관련이 있는 사람을 사랑하는 것이지만, 겸애는 그러한 구분 없이 모든 사람을 사랑하는 것이다. 사실 공자도 별애가 아니라 겸애를 지향한다. 인仁과 문文 등의 가치는 혈연에 한정되지 않기 때문이다.

하지만 공자의 사랑이 혈연에서 출발하여 그 혈연을 완전히 초월할 수 있느냐, 라고 하면, "그렇다!"라고 말하기가 쉽지 않다. 대답하기 쉽지 않는 틈새를 묵자가 파고들어서 문제 제기를 한 것이다. 우리는 평소에 가족애만이 아니라 인류애를 말한다. '나'와 직접적으로 관련이 없더라도 아프리카에서 굶주림으로 아픈 아이에게 따뜻한 손길을 내밀기도 한다.

하지만 우리는 능력이 없는 내 아이와 능력이 뛰어난 이웃집 아이 중 누구를 전폭적으로 지원해야 할까, 라는 문제 상황에 놓이면, "그래도 우리 아이를 돌봐야지!"라고 말하기 쉽지, "아냐, 이웃 집 아이를 돌보는 게 맞아!"라고 말하기 쉽지 않다. 묵자는 공자가 평소 인류애를 말한다고 하더라도 현실적으로 가족애를 벗어나기 어렵다고 본 것은 바로 이러한 지점이다. 묵자는 처음부터 가족의 틀을 뛰어넘는 겸애를 역설했다.

묵자는 이렇게 별애와 겸애의 도식으로 공자와 날카롭게 맞섰다. 하지만 둘 사이에는 놓칠 수 없는 공통점이 있다. 그들은 개인이 아니라 집단에 초점을 두고서 사회 문제를 해결하려고 했다. 그들은 개인에 대해 집단을 이루는 구성원으로 간주하지, 독립적인 단위로 간주하지 않았다. 따라서 개인은 개체의 욕망을 실현하고 생명을 유지하면서 원하는 사회적 삶을 선택하는 것이 아니라, 사회를 이루면서 그 안에서 욕망을 조율하고 생명을 유지하는 것이다.

양주는 공자와 묵자의 길이 전도된 방향이라고 보았다. 그는 다른 어떠한 가치와 목적보다도 개인과 그 생명에 주의하려고 했다. 그것이 바로 '경물중생輕物重生'의 선언이다. 즉, 명예와 물질 등 사물화 현상을 부정하고 활발한 생명력의 고취를 주장했던 것이다. 이러한 사유의 전환은 당시 사람들에게 상당히 낯설었다. 아니 그들은 양주의 테제를 이해하지 못하고 오해할 수밖에 없었다.

"몸의 털 한 올을 뽑아서 세상을 이롭게 할 수 있다고 하더라도, 그렇게 하지 않겠다."[3]

"양주는 나 자신을 돌보니, 제 군주를 안중에 두지 않는다. 묵적은 차별 없이 사랑하자고 하니, 제 아비를 안중에 두지 않는다. 군주와 아비를 안중에 두지 않으니, 짐승과 다를 바 없다."[4]

"가령 이런 사람이 있다고 가정해 보자. 자신의 주장에 따라 위태로운 성에 들어가지 않고 군대 근처에 얼씬거리지 않으며 천하의 커다란 이익을 내걸더라도 정강이의 털 한 올과 바꾸려고 하지 않는다. 세상의 군주는 그런 인물을 대단하게 생각하여 따라다니며 예우하고 그들의 지식을 귀하게 여기며 행실을 고상하게 여긴다. 사물을 가볍게 보고 생명을 무겁게 보는 학자라고 생각하기 때문이다."[5]

맹자는 양주의 테제를 전혀 이해할 수 없었던지 '짐승'이란 막말을 써대고 있다. 한비는 그래도 온건하게 간접화법을 사용해서 '경물중생의 학인'이라고 말하고 있다. 양주는 정강이의 털 한 올일지라도 그것이 원래 제 몸에 있는 것이라면 외부의 어떠한 이익

3) 『맹자』 「진심盡心」 상26: "楊子取爲我, 拔一毛而利天下, 不爲也."(박경환, 337)
4) 『맹자』 「등문공」 하9: "楊朱爲我, 是無君也. 墨氏兼愛, 是無父也. 無君無父, 是禽獸也."(박경환, 161)
5) 『한비자』 「현학顯學」: "今有人於此, 義不入危城, 不處軍旅, 不以天下大利易其脛一毛, 世主必從而禮之, 貴其志而高其行, 以爲輕物重生之士也."(이운구, Ⅱ : 916)

이나 가치보다 더 가치 있다는 말을 하고자 한 것이다. 이 이야기를 설득술의 일환으로서 극단적인 사례를 들었다고 생각하지 않고 사실로만 받아들이면, 누구라도 "그래, 봐라, 양주가 저런 놈이야!"라고 인신공격하게 될 것이다.

이런 극단적인 반응은 당연하다. 사람을 집단(관계)으로부터 떼어 놓고 바라보는 것은 꿈에서조차 생각하지 못했기 때문이다. 이렇게 보면 사실 양주만큼 혁명적인 사유를 한 사람도 드물다고 할 수 있다.

◆ 맹자의 진심

맹자는 양주가 제기한 경물중생의 테제를 고민하지 않을 수가 없었다. 이 테제에 동의하게 되면 도덕의 가치가 위태롭게 된다. 양주는 도덕이 생명을 해치는 것이라 보았기 때문이다. 이 테제에 동의하지 않는다고 해도 도덕이 생명과 어떻게 모순 없이 조화될 수 있는지를 밝혀야 했다.

맹자는 헤쳐 나가기 어려운 곤궁에 놓이게 되었다. 맹자는 기존의 천天, 상제上帝, 예禮 등으로 이 문제를 풀 수 없다고 생각했다. 그는 이미 있었지만 그다지 주목을 받지 못했던 '심心'을 철학의 영역으로 끌어들였다.

지금까지 사람은 하늘의 명령, 전통의 규범, 천자의 지시 등을 몸으로 실천하는 수행자였다. 사람은 이미 정해진 해답을 수행하면 되었지 "뭘 해야 할지?"를 몰라서 고민하는 존재가 아니었다. 따라서 사람은 생각하는 존재보다는 실행하는 존재였다. 그 결과 사람은 몸을 통해서 특정한 유형의 행위를 낳는 측면에서 주목을 받았다. 즉, 심신心身 중에서 신이 초점이었다. 신은 몸속에 또 하나의 몸을 가진 글자꼴을 가지고 있는데, 이는 몸이 재생산과 관련되어 있다는 것을 보여준다.

맹자는 기존의 '몸 담론'을 '심'과 결합시키는 확장 전략으로 양주의 테제에 정면 도전하기로 했다. 사람이 자신이 스스로 느끼고 스스로 생각해서 실천을 한다면, 그 행위는 외적인 가치에 의해서 일어난 것이 아니다. 그것은 어디까지나 나 자신으로부터 비롯된 것이 된다.

맹자는 사람의 행동이 마음과 연계되어 있다는 점을 밝히는 데에서 이야기를 풀어가고 있다. 신발 장인이 세상 사람들의 발 크기를 모르고 물건을 만들지만, 사람들은 자기 발에 맞는 신발을 사간다. 사람들의 발 크기가 엇비슷하기 때문이다. 훌륭한 요리사가 음식을 만들면 사람들은 그 음식을 맛있다고 한다. 사람들의 입맛이 같기 때문이다. 훌륭한 음악가가 연주를 하면 사람들은 그 공연을 좋다고 한다. 사람들의 귀가 같기 때문이다. 이러한 사례를 바탕으로 맹자는 다음의 결론을 내린다.

"사람의 입이 맛을 볼 때 서로 같은 기호가 있고, 귀가 소리를 들을 때 서로 같은 듣기의 호감이 있고, 눈이 색(이성)을 볼 때 서로 같은 미감이 있다. 마음의 경우 어찌 홀로 같게 반응하는(느끼는) 점이 없겠는가? 마음이 같게 반응하는 것은 이치와 의리이다. 성인은 보통 사람들의 마음이 같게 반응하는 것을 먼저 터득한 사람이다. 이치와 의리가 우리의 마음을 기쁘게 하는 것은 고기가 우리의 입맛을 기쁘게 하는 것과 같다."[6]

여태까지는 사람들의 입, 귀, 눈 등이 서로 비슷한 반응을 보인다는 점에만 주목해 왔다. 또 요리사가 뛰어나기 때문에 사람들이 그가 만든 음식을 좋아한다고 생각했다. 이러한 관행에 대해 맹자는 두 가지 역전을 시도하고 있다.

첫째, 요리사의 실력이 뛰어난 점도 있지만 중요한 것은 사람의 입맛이 서로 비슷하다는 것이다. 사람의 입맛이 서로 비슷하기 때문에 요리사가 음식을 만들면 서로 비슷한 맛을 느낀다는 것이다. 즉, 사람의 입맛이 순전히 주관적인 것이 아니라 객관적인 구조를 가지고 있다는 것이다. 이로써 요리사, 음악가, 미인에 주목하던 시각을 사람의 객관적인 구조로 전환시키고 있다.

---

6) 「고자」 상7: "口至於味也, 有同耆焉. 耳至於聲也, 有同聽焉. 目至於色也, 有同美焉. 至於心, 獨無所同然乎? 心之所同然者, 何也? 謂理也, 義也. 聖人先得我心之所同然耳. 故理義之悅我心, 猶芻豢之悅我口."(박경환, 278)

둘째, 맹자는 사람이 비슷하게 반응을 보이는 객관적 구조를 찾아낸 뒤에 그것을 다시 마음으로 확장시키고 있다. 사람의 입, 귀, 눈이 비슷한 반응을 보이는 객관적 구조를 가지고 있기 때문에, 사람의 마음도 비슷한 반응을 보이는 객관적 구조를 가지고 있다는 것이다. 이를 바탕으로 맹자는 사람의 마음이 이치와 도의에 같은 반응을 보인다고 주장한다.

이는 이해하기가 그렇게 어렵지 않다. 누가 자신의 부모를 욕하고, 누가 자신과 상대를 불공정하게 대우하고, 누가 사람의 의지에 반해서 감금해서 노동을 시킨다고 해보자. 다들 가만히 있지 않는다. 항의하며 시정을 요구하거나 법에 호소해서 처벌을 요구한다. 우리가 소치 동계 올림픽에서 김연아 연기의 판정, 신안 염전의 노예 노동, 영화 「노예 12년」의 이야기를 보면서, "뭔가 잘못됐다!"라고 반응하고서 시정을 위해 뭔가를 하려는 것을 맹자는 이미 잘 포착해 낸 것이다.

맹자는 사람의 눈이 아름답고 예쁜 사람에게 저절로 쏠리는 구조를 가지고 있으며, 그 마음이 이치와 의리로 향하는 구조를 가지고 있다고 주장한 것이다. 여기서 같은 반응을 보이는 것이 반드시 행동으로 나타나는 것을 가리키지는 않는다. 내성적인 사람은 도움이 필요한 사람을 보면 도와주고 싶어 하면서도 선뜻 나서지 못하는 수가 있다. 또 정부가 비리와 불법을 일삼을 때 소시민은 집회에 참석하고 시위에도 나서고 싶지만 뭔가 고생할까 봐서 선뜻 나서지 못하기도 한다.

맹자도 사람의 이러한 실상을 모르는 바가 아니었다. 따라서 객관적인 구조가 같다고 해도 얼마든지 다른 행동을 할 수 있다고 비판할 수는 있지만, 맹자의 주장을 부정할 수는 없다.

맹자는 사람이 같은 반응을 보이는 객관적 구조를 '성선性善'으로 보았다. 하지만 성선이 있다고 해서 모든 사람이 성선대로 사는 것은 아니다. 사람이 성선대로 살아가려면 어떻게 해야 할까? 성선이 있다는 것에 전적으로 의존하여 수동적으로 가만히 있기만 하는 것으로는 충분하지 않다. 성선이 상황에 맞게 발현되도록 하기 위해서 사람의 할 일이 남아 있는 것이다. 그것은 다시 마음으로 돌아가는 과정에서 출발한다.

"제 마음을 남김없이 드러내면 제 본성을 꿰뚫게 된다. 제 본성을 꿰뚫으면 내 안의 하늘을 꿰뚫게 된다. 제 마음을 꿰뚫고 본성을 기르면 내 안의 하늘을 모시게 된다. 일찍 죽건 오래 살건 흔들리지 않고 몸을 갈고 닦아서 다음을 기다리면 최대치를 바로 세우게 된다."[7]

사람들의 마음은 다르게 반응하기도 하고 같게 반응하기도 한다. 맹자는 다르게 반응하는 경향에 대해 관심을 두지 않는다. 그

---

7) 「진심」 상1: "盡其心者, 知其性也. 知其性, 則知天矣. 存其心, 養其性, 所以事天也. 夭壽不貳, 修身以俟之, 所以立命也."(차주환, 하: 213; 박경환, 319)

는 같게 반응하는 경향을 본성으로 보았다. 이렇게 되면 본성은 마음의 수많은 갈래 중에서 보편적인 경향만을 가리킨다고 할 수 있다.

우리는 마음에서 본성이 드러나는 계기에 주목하여 그것이 사그라지지 않도록 하고, 또 본성에 들어맞게끔 행동으로 나타나도록 노력을 해야 한다. 맹자는 이 과제를 '존심양성存心養性'이라고 불렀다. 존심양성이 제 궤도에 이르게 되면 우리는 내 안에 든 하늘을 만나고 이를 통해서 타자와 소통하게 된다.

그러니 마음을 채워야 할까 아니면 비워야 할까? 맹자는 본성을 담은 마음이 가득 차야 다른 마음이 꿈틀거리지 않고 본성이 행동으로 자연스럽게 이어진다고 본다. 따라서 사람은 할 수 있는 한 마음의 힘을 끌어올려야 한다. 이것이 바로 '진심盡心'이다. 이렇게 중요하기에 책의 처음부터 진심을 말하는 것이다.

◇ 장자의 담심

맹자는 마음의 경향성을 극대화시켜서 개인과 사회의 문제를 해결하고자 했다. 널리 알려진 맹자의 '호연지기浩然之氣'는 바로 이러한 특성을 가장 잘 보여주고 있다. 호연지기는 사람의 온 몸에 가득 찬 기상만이 아니라 하늘과 땅 사이를 한 치의 틈도 없이 가득 메운 기운을 말한다. 그것은 다른 일이 생겨날 가능성을 완전히

맹자의 제자 공손추의 초상

공손추公孫丑는 맹자의 제자이자 현존하는 『맹자』의 일곱 편 중 두 번째 편의 이름이다. 학생은 선생에게 배우기도 하지만 끊임없는 질문을 던져서 선생을 생각하게 만든다. 공손추는 맹자에게 질문을 던져서 '호연지기浩然之氣', '부동심不動心', '지언知言' 등의 개념을 끌어냈다.

씻어 낼 정도로 충만한 상태를 가리킨다.

하지만 장자는 맹자와 달랐다. 그는 마음을 '담淡'과 '허虛'의 이미지와 술어로 묘사하고 있다. 담은 음식 맛이 싱겁고 사람의 태도가 차분하며 성격과 교제에 별다른 목적이 드러나지 않는 것을 가리킨다. 담은 음식이든 사람이든 맛과 욕망이 강하게 드러나지 않아 아예 어떤 방향과 목적이 없는 상태를 말한다.

허는 공간을 전제로 하면 텅 빈 상태를 가리킨다. 사람의 마음을 공간에 비유한다면, 마음은 특정한 경향성으로 가득 채우는 것이 아니라 어떤 경향성이 주도적인 자리를 차지할 수 없게끔 비우는 것이다. 이로써 마음은 어떤 특성을 드러내는 센터가 아니라 그 무엇으로 규정할 수 없는 텅 빈 자리가 된다.

맹자와 장자가 말하는 마음의 특성을 각각 보물 창고와 쓰레기통으로 비유할 수 있다. 맹자는 마음을 소중히 여기고 잘 써야 하는 기관으로 바라보는 반면, 장자는 마음을 걸핏하면 문제를 일으켜서 사람을 힘들게 하는 아이로 보는 것이다.

담과 허의 술어는 마음을 '고목사회槁木死灰'로 묘사하는 데에서 하나의 이미지로 종합된다.[8]

고목사회는 완전히 말라서 물기가 없는 나무와 불기가 완전히 꺼져서 불씨가 살아날 리가 없는 재를 가리킨다. 마음이 고목사회

---

8) 「제물론」: "形固可使如槁木, 而心固可使如死灰乎?"(안동림, 47) 고목사회는 안성자유顔成子遊가 스승인 남곽자기南郭子綦의 모습을 묘사하는 상황에서 나오는 말이다.

의 상태라면 마음은 뭔가를 하려고 하는 욕망이 일어나지 않을 뿐만 아니라 어떤 곳으로 나아가려는 방향이 없는 것이다. 이것은 맹자의 '진심盡心'과 완전히 반대되는 것이라고 할 수 있다. 장자의 언어로 말한다면 '담심淡心' 또는 '허심虛心'이라고 할 수 있다.

담심의 내용을 좀 자세히 살펴보자. 장자는 사물과 개념 등을 즐겨 의인화시켜서 자신의 취지를 전달하곤 한다. 천근天根이 우연히 무명인無名人을 만나자 "어떻게 하면 천하를 다스릴 수 있는지요?"라며 질문을 던졌다. 무명인은 자신이 그런 질문을 받는 사실 자체를 불쾌하게 생각했다. 무명인은 천지를 다스리는 일로 마음을 쓰려고 하지 않는다면서 자신의 길을 설명했다.

"당신이 마음을 담박한 상태로 노닐고, 기를 고요한 상태와 맞추어서 사물(사태)이 저절로 그러함에 따라가며, 사적인 바람을 집어넣지 않는다면 온 세상이 다스려질 것이다."[9]

장자는 마음의 경향성을 행위로 이끌어가려는 맹자의 사고와 대척 지점에 서 있다. 그는 마음을 자꾸 비우고 비워서 어떠한 지향이 없는 무의 상태로 이르고자 한다. 무의 상태에 이르면 사람이 무얼 어떻게 해야 할지 방향타가 없지 않느냐고 반문할 수가 있다.

---

9) 「응제왕」: "汝遊心於淡, 合氣於漠, 順物自然, 而無容私焉, 而天下治矣."(안동림, 224)

장자도 이러한 반문을 염두에 두고 있었던지, 담심, 즉 무심無心의 상태에서 바로 순물자연順物自然을 제시하고 있다.

축구선수가 골대 앞에서 좋은 패스를 받아서 골을 넣을 절호의 기회를 잡았다가 놓치는 경우가 종종 있다. "고질적인 문전 처리 미숙"이라는 상투어가 생길 정도이다. 이 상황의 선수는 그 누구보다도 골을 넣고 싶은 마음이 간절할 것이다. 그런데 왜 그는 발을 살짝 갖다만 대도 들어갈 공을 놓치거나 골대 밖으로 차내게 되는 것일까?

이는 그가 공을 세게 차야겠다거나 멋진 골을 만들어야겠다는 마음을 먹었기 때문일지도 모른다. 이것이 바로 공에다 개인적인 바람을 집어넣는 '용사容私'이다. 즉, 발이 공을 억지로 어떻게 하려고 하니까 공이 전혀 엉뚱한 방향으로 나아가는 것이다. 만약 어떤 마음을 먹지 않고 공의 궤적을 자연스럽게 바꾼다면 공은 데굴데굴 골대 속으로 들어갈 것이다.

이렇게 보면 장자는 마음의 특정한 경향성에 주목하여 사람이 상황을 주도하도록 하는 것이 아니다. 사람은 자신을 포함하여 모든 것이 연동해서 움직이는 전체 상황 속으로 들어가서 그 흐름을 그대로 받아들이면 되는 것이다. 그러나 받아들인 것은 그 상황에만 유효할 뿐이지 기억되어 다음으로 이어지지 않는다.

"이름의 시동(표적)이 되지 말고, 꾀(술수)의 곳집이 되지 말고, 일의

팔대산인, 「쏘가리鱖魚」

팔대산인은 명청 교체기를 살다간 명나라 왕족의 후예이다. 그는 망해가는 나라를 가만
히 보고만 있을 수도 없고, 그렇다고 적극적으로 항쟁을 할 수도 없는 자신의 정체성을
고민했다. 그림에 '팔대산인八大山人'을 묘하게 써서 글자가 꼭 '소지笑之' 또는 '곡지哭之'
로 보이게 했다. 웃을 수만도 없고 울 수만도 없는 자신을 표현하고 있는 것이다. 쏘가리
는 눈을 뜨고 있지만 움직임이 느껴지지 않는다. 쏘가리가 어디로 간다는 방향성이 없다
는 점에서 장자의 '담심'을 잘 그려내고 있다.

주도자가 되지 말고, 지식의 소유자가 되지 마라. 다함이 없는 변화를 몸으로 터득하고, 흔적 없는 흐름에 노닐며, 자연으로 받은 바를 드러내지 스스로 무엇을 가졌다고 보지 마라. 다만 비울 뿐이다. 지인의 마음 작용은 거울과 같다. 대상을 내보내지도 않고 맞이하지도 않으며, 호응하지만(비추지만) 간직하지 않는다. 그 때문에 만물의 출몰을 이겨내서(견뎌내서) 다치지 않을 수 있다."[10]

이름, 꾀, 일, 지식은 마음이 차곡차곡 쌓아야 하는 기억의 축적물이다. 장자는 우리가 그것을 위해 움직이지 않는다면, 우선 마음에 뭔가를 기억하려고 시도하지 않기를 바라고 있다. 그렇다고 우리가 외부와 관계를 맺지 않을 수 없고, 사람과의 접촉을 피할 수도 없다. 장자는 접촉을 하더라도 반응할 뿐 주도하지 말고, 호응하지만 기대하지 말라고 요구하고 있다. 철저하게 비우기를 재차 주장하고 있는 것이다. 여기서도 장자가 마음을 맹자와 다른 각도로 바라보고 있다는 것을 여실히 알 수 있다.

◆ 맹자와 장자의 마음에 대한 다른 그림, 성과 정
　전국시대의 중앙 집권적 관료 국가는 백성들과 새로운 의무와

---

10)「응제왕」: "無爲名尸, 無爲謀府, 無爲事任, 無爲知主. 體盡無窮, 而遊無朕. 盡其所受乎天, 而無見得, 亦虛而已. 至人之用心若鏡, 不將不迎, 應而不藏, 故能勝物而不傷."(안동림, 234)

권리 관계를 맺으면서 개개인을 편호제민編戶齊民, 즉 호적을 만들어 편입시키고 동등하게 대우했다. 이로써 백성은 국부의 생산과 유지를 위한 자원으로 등록되고 관리되었다. 특히 농사와 전쟁을 위해 국가는 백성의 신병(신체)의 통제권을 장악했다. 예속성이 강화될수록 또 다른 가능성을 엿보기 마련이다.

맹자와 장자는 전국시대의 제자백가 중에서 마음에 가장 주목을 한 사상가들이다. 국가의 예속성에 대항하기 위해서 이들이 마음에 주목한 것은 불가피한 선택이었다. 마음만은 국가에 예속되지 않고 국가 의지가 자동적으로 작동하지 않는 미개척지였기 때문이다.

그들이 마음을 철학의 핵심 의제로 설정하게 되자 기존의 주제들도 마음과 연계되어 논의되기 시작했다. 예를 들면, 마음이 철학의 언어로 등장하기 이전에 천天이 화려한 역할을 하고 있었다. 공자는 부당한 제안을 받고서 거부의 이유로 자연스럽게 하늘(하느님)을 들먹였다. "하늘(하느님)에게 죄를 지으면 그 어디에도 빌 대상이 없다."[11]

하지만 마음이 등장하게 되자 천도 심과 연관을 맺지 않을 수 없었다. 맹자는 자신의 철학을 가장 밀도 깊게 표현하면서 심-성-천을 하나로 연결했다. "제 마음을 꿰뚫고 본성을 기르면 내 안의

---

11) 「팔일」 13: "獲罪於天, 無所禱也."(신정근, 131)

하늘을 모시게 된다."[12]

이러한 연결의 가장 전형적인 사례가 바로『중용』의 맨 처음에 나오는 구절이다. "하늘이 명령한 것을 본성이라 하고, 본성에 따르는 것을 도리라고 하고, 도리를 체득하는 것이 교육이다."[13]

이전에 천은 왕과 같은 특별한 사람과 연관을 맺었다.『중용』에 이르러 천은 모든 사람과 성性으로 연관을 맺게 된다. 이처럼 시대의 언어와 문제 설정이 변하게 되면 이전의 담론도 끊임없이 재해석되어야 하는 것이다.

마음이 철학의 중앙을 차지하게 되자마자 곧바로 마음을 둘러싸고 다양한 분기가 일어나게 되었다. 맹자와 장자를 중심으로 이 이야기를 풀어가 보자. 우리는 맹자가 사단四端을 네 가지 성선性善의 싹으로 말한 것을 알고 있다. 즉, 사람이 어려운 처지의 사람을 보면 안타까워하고, 악행을 보면 싫어하거나 부끄러워할 줄 안다.

사람들은 보통 맹자가 사단만을 말한 것으로 착각한다. 그렇지 않다. 맹자도 눈이 있으므로 사람들이 사단 이외에도 성내고 찌질하며 우쭐거리고 거들먹거린다는 것을 알았다. 맹자는 사람이 못난 측면이 있음에도 불구하고 사단과 같은 착한 마음이 있다는 것을 발견한 것이다. 사람이 이러한 착한 마음의 결대로 생각

---

12) 「진심」 상1: "存其心, 養其性, 所以事天也."(차주환, 하: 213; 박경환, 319)

13) 『중용』: "天命之謂性, 率性之謂道, 修道之謂敎."(신정근, 250)

하고, 또 행동하면 '착한 개인'과 '도덕적 사회'가 출현할 수 있다는 것이다.

맹자는 착한 마음의 결을 '성性'이라고 했다. 이렇게 보면 맹자는 마음에 일어나는 수많은 감정을 몰랐던 것이 아니라 너무나도 잘 알고 있었다. 그가 이것에 주목해서 자신의 사상을 이끌어가려고 했던 것이 아니다. 제자백가들은 사람의 마음 중에서 주목하는 것이 각각 달랐다. 예컨대 상앙과 한비는 사람들의 소유욕과 관련된 마음에 주목해서 부국강병의 논리를 세웠던 것이다.

이렇게 보면 맹자는 화가 나면 고함치고 물건을 던지고 부수며 흥분하는 일시적 감정이나 남이 잘되는 것을 보지 못하고 해치려고 하는 파멸적 감정이 아니라, 자신의 허물을 부끄러워하며 고치려고 하고 좋은 일이 있으면 함께 기뻐하는, 예쁘고 아름다운 감정이 마음에 도도하게 흐르고 있다는 것을 찾아냈던 것이다. 이러한 착한 마음의 싹, 즉 성의 발견은 중국 철학사에서 한 시대의 획을 긋는 대사건이라고 할 수 있다.

마음은 국가의 권력 의지로부터 통제를 받지 않고 전통의 오랜 관성에 휘둘리지 않고 오로지 '나'만의 영혼이 숨 쉴 수 있는 세계였기 때문이다. 후대로 가면 갈수록 전통의 가치로부터 마음의 자율성이 강해지는 특색을 보였다. 깊이 생각할 것도 없고, 맹자보다는 주희의 마음이, 주희보다는 왕양명의 마음이, 왕양명보다는 이탁오의 마음이 얽매이지 않고 거침없이 '나'로부터 말미암아 '나'

를 향해 달려간다는 것을 확인할 수 있기 때문이다.

　장자는 국가가 백성의 몸을 예속시키는 것과 문명(도덕)이 사람의 다양성을 획일화시키는 사회 현상에 도전했다. 전국시대의 부국강병 노선이 강화되면 강화될수록 산업은 물론 개인의 일상마저 규율하게 되었다. 몸이 고될 뿐만 아니라 마음마저 괴로운 시대가 된 것이다. 이전에는 몸으로 때우면 되었지만, 지금은 마음마저 자유롭지 못하게 되었다.

　연좌제를 생각해 보라. 연좌제가 있으면 서로 마주보는 사람끼리의 시선을 느낄 뿐만 아니라 보이지 않는 존재의 시선까지 의식하지 않을 수가 없다. 아울러 국민은 국가의 권력 의지를 몸으로 체험하는 것만이 아니라 마음으로 고스란히 받아내기까지 해야 했다. 점점 마음마저 국가에 긴박되어 '일체화'되는 상황으로 나아갔다. 오죽하면 국가가 선창하고 백성이 후창하여 노래의 박자가 딱딱 맞아떨어지는 상태를 '동호오同好惡'라고까지 했겠는가?[14] 하나로 통일하기 어려운 마음마저 단일대오로 맞춰야 하는 사태가 벌어진 것이다.

　21세기를 사는 우리도 간혹 국가 대항전이나 올림픽에서 우리나라 선수가 우승할 경우 모르던 사람과 얼싸안고서 감동의 눈물을 흘린다. 이도 '동호오'이다. 하지만 우리는 함께 있던 장소를

---

14) 『좌씨전』 양공 11년: "救災患, 恤禍亂, 同好惡." 『좌씨전』 이외에도 이 구절은 '상하동심上下同心'의 뜻으로 널리 쓰인다.

벗어나면 언제 그랬느냐는 듯이 남남으로 돌아가고 사건은 추억으로 넘어가 버린다. 전국시대의 백성은 늘 그렇게 '동호오'에 이르기를 요구 받았다. 일종의 '감정의 편집' 또는 '정서의 통일'이라고 할 수 있다. 이렇게 되면 몸에 이어서 마음마저 외부의 요구에 의해 움직이는 '식민지화된 마음'이 되는 것이다. 전국시대의 국가주의자들은 또 하나의 식민지를 개척하기 위한 논리를 개발하고자 했다.

사실 감정만큼 통제하기 어려운 것도 없다. 헤어진 애인을 떠올리며 더 이상 그리워하지도 아파하지도 말아야지 수없이 다짐을 하지만, 그렇다고 해서 금방 그렇게 되지가 않는다. 자기 스스로도 "어찌할 수 없다!"라는 말을 되풀이한다. 또 내가 슬플 때 다른 사람도 슬퍼하면 좋겠지만 그렇게 바랄 수가 없다. 우리는 다른 사람의 감정을 이래라 저래라 할 수가 없기 때문이다. 이렇게 철저하게 개인적인 감정을 통일하라고 하면, 감정마저 커다란 운동장에서 일사분란하게 움직이는 '카드섹션' 놀이와 같아지게 된다. 실로 무서운 광기라고 하지 않을 수가 없다.

장자는 그러한 기도를 도저히 받아들일 수가 없었다. 그는 감정의 카드섹션 놀이가 불가능하다는 논법을 펼쳤다.

"기쁨과 성냄, 슬픔과 즐거움, 염려와 한탄, 변덕과 고집, 아첨과 태만, 솔직함과 꾸밈 등의 감정은 좋은 소리가 텅 빈 곳에서 나고, 버섯이

카드섹션, 아리랑

한 장면 한 장면만 보면 다중의 카드섹션은 장관을 연출한다. 수많은 사람이 한 치의 오차도 없이 약속한 장면을 만들어 낸다. 운동을 배울 때 혼자서 같은 동작을 몇 번 되풀이해야 겨우 몸에 익히게 된다. 이를 고려하면 카드섹션은 우수성만으로 읽어 내기가 거북한 점이 있다.

찌는 곳에서 생기듯이, 밤낮으로 의식에서 서로 번갈아 나타나지만

어디에서 생겨나는지 모른다."[15]

---

15)「제물론」: "喜怒哀樂, 慮嘆變慹, 姚佚啓態, 樂出虛, 蒸成菌, 日夜相代乎前, 而莫知其所萌."(안동림, 53)

장자는 먼저 사람이 밤과 낮처럼 상반되는 감정을 수시로 느끼고 겪는다는 점을 말하고 있다. 이러한 감정의 생성이 우연적일 뿐만 아니라 그 기원마저 도무지 알 수 없다고 말하고 있다. 우리는 산과 들로 나가면 마치 음악 연주처럼 신기하고 예쁜 자연음을 듣게 된다. 자연에는 어디에서 어떤 소리가 어떻게 나라고 지휘하거나 연주하는 것이 없다. 바람이 바위 틈, 나무 구멍 등을 만나서 나는 소리일 뿐이다. 버섯이 나는 것도 마찬가지이다.

자연의 소리를 통제하는 것이 불가능하다면 사람의 마음에서 언제 어떻게 생겨날지 모르는 감정을 통제하는 것도 불가능하다. 불가능한 것을 통제하려고 하면 공포가 엄습하거나 코믹한 상황이 연출된다. 엄숙한 장면이 우스운데 웃지 못하게 되면 웃음을 참다가 끝내 갑자기 웃음을 터뜨리게 된다. 웃음을 멈추게 하려면 공포 분위기를 더 강화시키는 수밖에 없다.

장자는 이 모든 기도가 결국 실패로 돌아갈 수밖에 없다고 보고 있다. 감정 자체는 어디에서 생겨나는지 알 수가 없으니 그 발원지를 찾을 수 없다. 발원지를 찾을 수 없으니 통제력을 행사할 수도 없다. 이처럼 장자는 어디에서 와서 어디로 가는지 알 수 없는, 즉 정체불명의 감정을 밝혀낸 것이다. 이것은 맹자와 다른 길이다.

지금까지 논의를 보면 맹자는 마음의 특정한 길, 즉 성을 극대로 키워서 자율적 도덕의 세계를 만들려고 했다. 반면 장자는 마음의 통제되는 않는 변화무쌍한 '정情'에 주목해서 외적인 개입의 시도를 완전히 차단하려고 했다. 맹자와 장자가 찾아낸 마음은 후대에 성과 정의 담론으로 압축되어서 활발한 논의를 일으켰다.

처음 맹자의 성과 장자의 정은 서로 구분되는 마음의 특성에서 출발했다. 사상가들은 용어를 뒤섞어서 쓰더라도 각자 성과 정의 한 측면에 주목해서 마음의 이론을 구축했다. 송나라의 주희는 개별적으로 전개되어 온 성과 정을 하나로 통합하여 '심통성정心統性情'의 테제를 내세웠다.(이 테제의 최초 발설자는 장재張載이다.) 이 통합은 마음의 특성과 기능을 종합적으로 설명할 수 있다는 점에서 미증유의 창조적 작업이었다.

하지만 통합할 수 없는 성과 정의 통합은 이후에 수많이 복잡한 논의를 만들어 냈다. 조선시대의 사칠논쟁四七論爭[16]도 참으로 뜨겁게 진행되었지만, 그 기원을 따지고 보면 심통성정의 테제에서 연유한다고 할 수 있다.

명나라의 왕양명은 통합되었던 성-정을 정 중심으로 다시 통일하려는 시도를 했다. 그는 주희의 통합에서 전제된 성, 즉 불가침이라고 하더라도 접근할 수 없고 공감할 수 없는 절대로서 성은 수용하기가 어려웠다. 지위가 제 아무리 절대적이라고 하더라도 그

---

16) '사칠四七'은 사단四端과 칠정七情을 가리킨다. 넓은 맥락에서 사단과 칠정은 모두 감정에 속한다. 하지만 둘은 도덕적 행위와 다른 연관성을 드러낸다. 따라서 사단과 칠정을 철저하게 분리해야 하는지 아니면 연결시켜야 하는지 길고 긴 논쟁이 생겨났다.

것으로부터 구체적인 일상으로 연결되는 지점을 설정하기가 불가능하기 때문이다.[17]

데카르트는 몸과 정신의 이원론을 펼치며 이 둘이 이어지는 문제를 해결해야 했다. 그는 이를 풀기 위해서 송과선pineal gland을 영혼의 자리로 보면서 몸과 정신이 이어지는 곳으로 설정했다. 오늘날 송과선은 그 존재가 밝혀졌지만, 아직 그 기능은 증명되지 않고 있다. 데카르트는 몸과 정신의 두 가지 속성을 가진 사람의 특성상 송과선의 존재를 말하지 않을 수 없었다.

주희는 데카르트와 같은 명민한 두뇌를 가졌지만 성과 정이 심으로 통합되는 송과선과 같은 실체를 지시하지는 않았다. 그 결과 성에서 정으로 이행하는 과정을 제대로 설명할 수 없었다. 이를 명료화하기 위해서 조선의 성리학자들은 수많은 문자와 정력을 들여서 피 튀기는 논쟁을 벌였던 것이다.

왕양명은 송과선을 찾는 게임에 뛰어들지 않았다. 그는 송과선을 찾을 수 없다고 생각했다. 그는 젊은 시절 대나무를 쳐다보면서 그 속에서 리理를 찾으려고 하다가 결국 신경쇠약에 걸릴 지경에 이르러서 그만 둔 적이 있었기 때문이다. 그는 이를 통해 송과선이

---

17) 주희와 왕양명의 논쟁은 오늘날 개념으로 말하면 선험적 세계의 실재성을 둘러싼 대립이라고 할 수 있다. 주희가 도덕적 가치의 순수성과 절대성을 확보하기 위해서 선험성을 인정한다면, 왕양명은 도덕적 가치의 외화를 주도하는 기제를 확보하기 위해서 선험성을 부정한다고 할 수 있다.

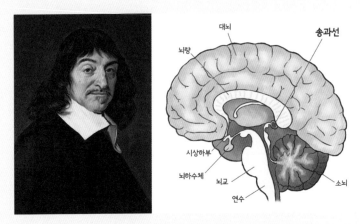

데카르트와 송과선

척추동물의 간뇌 등면에 튀어나와 있는 내분비선으로, 대뇌의 등면을 따라 앞으로 뻗어 두부의 피부를 통과하여 들어오는 빛을 감수感受할 수 있다. 데카르트는 이곳이 몸과 정신을 이어주는 기능을 하는 것으로 파악했다.

없을 뿐만 아니라 정과 독립한 성도 존재하지 않는다는 사실을 체험했다.

이렇게 보면 동양 철학에서 성과 정을 둘러싼 세 가지 이론들, 즉 성과 정을 통합한 주희의 시도, 주희식 통합에서 송과선을 찾으려는 시도, 정을 중심으로 성과 정을 통일한 왕양명의 시도 등이 경쟁하며 후대의 철학사를 뜨겁게 달구었던 것이다. 세 가지 시도는 끊임없는 여진을 낳으며 새로운 분출을 잉태하는 활화산과도 같았다.

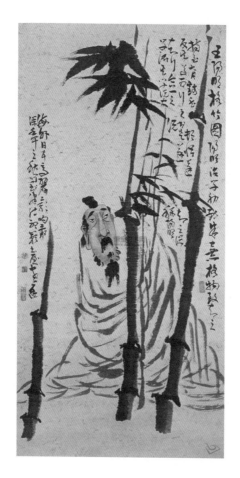

현대 화가 천둥즈陳冬至의 「왕양명 격죽도格竹圖」(2002)

왕양명은 젊은 시절 친구와 함께 대나무를 뚫어지게 바라보면서 대나무의 이치를 '격물格物'하려고 했다. 친구는 3일, 왕양명은 7일의 관찰 끝에 격물을 끝냈다. 이는 격물을 곧 이곧대로 받아들이는 왕양명의 성격을 잘 보여준다. 천둥즈 그림 속의 왕양명은 장년이라 일화의 나이와 다르다. 서경덕이 나물을 캐러 갔다가 종달새가 나는 이치를 찾으려고 했던 일화와 닮아 보인다.

맹자,
희망을 세우다

맹자는 마음의 물길을 찾아
어떻게 희망의 씨앗을 키우는가?

◇ 약육강식, 희망을 잃은 우울한 시대

맹자는 전쟁의 시대를 살았다. 오늘날로 치면 종족과 국가 간의 분쟁이 끊이지 않는 아프리카의 소말리아와 비슷하다고 할 수 있다.(실상이 그렇다는 뜻이지 비하의 의도는 없다.) 그런 상황에서 당장 칼과 활을 들고 일어나 싸워야지 마음에 깃든 성선性善을 말했다고 하면, "참 한가한 소리를 한다!"라는 느낌이 들 수가 있다. 맞는 말이다.

아프리카 대륙의 실상을 보도하는 사진을 보면 총칼을 들고 내전에 동원된 소년 병사의 묘한 얼굴을 자주 본다. 원래 소년이 총칼을 잡는 것은 낯설다. 하지만 두려움을 잊어버린 소년 병사는 어른 이상으로 용감할 수도 있고 잔인할 수도 있다.

맹자도 바보가 아닌 이상 전쟁의 참상을 알고 있었다. 그는 여러 차례 시대의 참화에 대해 탐사 보도를 하듯, 전쟁이 휩쓸고 간자리의 황폐함을 기록하고 있다.

"땅을 빼앗느라 싸워서 죽인 사람이 들을 가득 메우고, 성을 빼앗느라 죽인 사람이 성에 가득 차다. 이것은 땅덩어리를 차지하려고 사람 고기를 먹는 짓이니, 그 죄를 사형으로도 용서할 수가 없다. 따라서 전쟁을 잘하는 자는 상을 받을 게 아니라 극형에 처해야 한다."[18]

맹자는 전국시대에 전쟁이 허구한 날 벌어지고 있는데 도대체 무엇을 위한 전쟁인지를 묻고 있다. 물론 "땅을 차지하려고 한다."라고 대답할 것이다. 그렇다면 자신의 백성들이 죽어나가고 있는 걸 알면서도 그것보다 땅덩어리를 얻는 것이 중요하다고 생각한다는 것이다. 즉, 백성들의 목숨보다 땅덩어리가 급하다는 것이다.

맹자는 이처럼 본말이 뒤집힌 시대를 보고 울분에 차서 격정을 토로한다. 과거에 성왕은 처음에 작은 영토에서 출발하여 큰 땅을 얻게 되었다. 그 원동력은 총칼의 힘이 아니라 사랑의 힘이

---

18) 「이루」상14: 爭地以戰, 殺人盈野, 爭城以戰, 殺人盈城, 此所謂率土地而食人肉, 罪不容於死. 故善戰者服上刑.(박경환, 182)

었다. 이를 이해하지 못하고 전쟁에 광분하는 세태를 신랄하게 비판했다.

> "지금 백성들이 농사지을 때를 놓치게 하니, 밭 갈고 김매서 양식을 거두어 제 부모를 봉양할 수 없게 만들었다. 그 결과 부모는 제대로 입지 못해 추위에 벌벌 떨다가 굶어 죽고 형제와 처자식들은 온갖 곳으로 떠돌아다니게 되었다."[19]

　백성들이 이러한 절망의 상황에 놓여있는데도 총칼 타령을 하는 게 말이 되느냐, 라고 맹자는 울분을 토로하는 것이다.

　그런데 아무리 맹자의 주장이 그럴 듯해도 의문이 든다. "아무런 희망도 없는 암울한 상황에서 총칼을 들지 않고 그는 왜 마음을 들여다보며 '성선대로 살자!'라고 외치는 것일까?" 섣불리 맹자가 비현실적인 사람이라고 판단 내리기 전에 그가 도대체 왜 그런 생각을 하게 되었는지 알아볼 필요가 있다.

---

19) 「양혜왕」 상5: 彼奪其民時, 使不得耕耨, 以養其父母, 父母凍餓, 兄弟妻子離散.(박경환, 38)

맹묘의 계왕성방繼往聖坊과 개래학방開來學坊

맹묘孟廟의 대문에 해당되는 영성문靈星門을 지나 동서의 담에 있는 두 방이다. 동쪽(위 사진)에 자리해 과거 성인을 이어받았다는 방과 서쪽(아래 사진)에 자리해 미래의 학문을 열었다는 방이다. 맹자의 학문을 가장 압축적으로 나타낸 말이라고 할 수 있다. 아침 나절에 맹묘에 도착하니 하늘에 해가 떠 있었다. 오후에 다시 올 수가 없는 상황이라 계왕성방은 역광 상태로 찍을 수밖에 없었다.

◆ 혁명까지 주장해야 했던 맹자의 절박함

마음의 성선을 떠올리면 맹자가 참으로 시대와 동떨어진 인물이라고 생각할 수 있다. 하지만 정치 사상사의 측면에서 보면 맹자는 실로 대담무쌍한 주장을 펼쳤다. 바로 이 주장 때문에 『맹자』는 명청시대에 금서로 지정되거나 불온한 부분을 삭제하고 온건한 부분만 편집돼 재출간되기도 했다. 이 주장이란 다름 아니라 '군주'의 지위를 낮게 취급하면서 '역성혁명易姓革命'을 주장하는 내용을 말한다.

> "백성이 가장 귀하고, 사직은 그 다음으로 중요하고, 군주는 가장 덜 중요하다. …… 제후가 사직을 위태롭게 만들면 다른 사람으로 바꾸어 버린다."[20]

신분 사회에서 황제나 제후만큼 존귀한 인물은 없다. 그런 인물을 일개 평민으로 취급하고 잘못하면 갈아치울 수 있다고 말하니, 황제의 입장에서 『맹자』가 달가울 리가 없는 것이다. 맹자는 왜 이렇게 과격한 주장을 펼치는 것일까? 사회 불안과 삶의 위기가 전적으로 자연 재해로 인해 생겨났다고 하더라도 그 도의적인 책임을 정치 지도자에게 물을 수 있다. 그러나 더 이상의 책임은

---

20) 「진심」 하14: 民爲貴, 社稷次之, 君爲輕. …… 諸侯危社稷, 則變置.(박경환, 364)

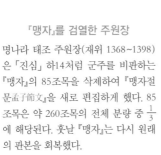

『맹자』를 검열한 주원장

명나라 태조 주원장(재위 1368~1398)은 「진심」 하14처럼 군주를 비판하는 『맹자』의 85조목을 삭제하여 『맹자절문孟子節文』을 새로 편집하게 했다. 85조목은 약 260조목의 전체 분량 중 $\frac{1}{3}$에 해당된다. 훗날 『맹자』는 다시 원래의 판본을 회복했다.

물을 수가 없다. 다른 어떤 누가 그 자리에 앉는다고 해도 별달리 뾰족한 수가 없기 때문이다.

하지만 불안과 위기가 다른 사람이 아니라 바로 왕 자신으로 인해 초래된 것이라면 문제가 심각해진다. 그 사람이 최고의 권좌에 앉아 있으면 있을수록 사회적 고통이 더 악화될 수밖에 없기 때문이다. 맹자가 활동할 당시 그 어떠한 사상가도 "무능하고 타락한 왕을 어떻게 해야 하는지?"에 대한 대안을 제시한 사람이 없었다. 이러한 침묵의 상황에서 맹자는 최초로 공개적인 자리에서 추방할 수도 있고 싸워서 처벌할 수도 있다는 방벌放伐의 혁명론을 주장했다. 실로 대담스럽기 그지없는 선언이었다.

"사랑을 저버리는 자를 나쁜 놈이라고 하고, 도의를 저버리는 자를 잔인한 놈이라고 한다. 나쁘고 잔인한 놈은 더 이상 왕이 아니라 저 혼자만 아는 자이다. 따라서 과거 은나라 마지막 왕의 경우 저 혼자만 아는 주를 처형했다는 말(평가)을 들었지만, 신하가 왕을 죽였다는 말을 듣지 못했다."[21]

요는 임금 자리를 자식에게 세습시키지 않고 현자인 순에게 물려주었다. 이를 선양禪讓이라고 한다. 반면 은나라 탕은 하나라의 폭군 걸을 처벌하고 왕이 되었고, 주나라의 무는 은나라의 폭군 주를 처벌하고 왕이 되었다. 통상의 기준으로 보면, 신하가 군주를 바른 길로 인도하지 못하고 결코 해서는 안 되는 쿠데타를 일으킨 것이다.

하지만 맹자는 이 사건을 쿠데타로 보지 않고 선양과 구분되는 방벌 혁명으로 긍정했다. 현재의 왕이 왕으로서 역할을 제대로 하지 못하는 것을 넘어서 백성들에게 고통만을 안겨 준다면, 그 고통을 계속 감내해야 할 것이 아니라 왕을 바꿔서 고통을 끝장낼 수 있기 때문이다. 맹자는 이 길밖에 없다고 생각했다. 유일신 문화에서는 신이 노아에게 심판의 도래를 계시하며 피할 길을 알려준다. 유일신이 없는 중원 문화에서는 "잔인한 고통을 참아

---

21) 「양혜왕」 하8: 賊仁者謂之賊, 賊義者謂之殘. 殘賊之人謂之一夫, 聞誅一夫紂矣, 未聞弑君也.(박경환, 65)

영화 「노아」 포스터

유일신은 타락한 인간 세계에 직접 개입하지만 차갑지만은 않다. 노아로 하여금 방주를 만들어 대홍수에서 살아남게 해준다. 중국 문화에는 세계를 심판하는 유일신이 없다. 인간이 스스로 폭군을 자리에서 끌어내는 수밖에 없다. 맹자는 최초로 방벌 혁명의 정당성을 주장했다.

라!"라고 말하는 것 이외에 다른 길이 없었다. 이러한 잔인한 침묵의 카르텔을 맹자는 과감하게 끊어 버리고 최초로 혁명을 주장했던 것이다.

◇ 마음의 길을 파서 희망의 닻을 세우다

맹자가 총칼을 들자고 하지 않고 마음을 이야기한 점에서 모범생으로 여겨질 만하다. 그것에만 주목해서 맹자를 모범생으로만 본다면 그것은 착각이다. 그는 '부정한 왕의 처리'에 대해 아무도 말 못하는 상황에서 "방벌하자!"라고 대담하게 말했다. 우리는 이런 사람을 '모범생'이라고 할 수는 없다. 그럼에도 불구하고 맹자의 사상은 다소 역설적으로 보인다. 마음과 혁명은 거리가 다소 멀어 보이기 때문이다.

그러나 맹자는 마음과 혁명 사이의 거리가 그렇게 멀지 않다고 보았다. 이러한 거리의 축소는 마음을 발견하지 못했으면 불가능했다. 보통 우리는 사람이 하는 행동을 보고 그 사람이 어떤 사람인지 판단한다. 행위자의 기준에서 보면 행동을 하기 전에 "어떻게 해야지!"라는 사전 판단을 한다. 우발적인 충동으로 무슨 짓을 하기도 하지만, 사람이라면 행동은 의도적으로 하는 것이다.

예컨대 살인의 경우 미리 "누구를 죽여야지!"라는 강한 적개심을 품고 있다가 대상의 행동 반경을 면밀히 살피고서 범행을 벌이게 된다. 나중에 범인이 잡혀서 응분의 처벌을 받으면 살인에 대한 죗값이 치러진다. 즉, 사람을 죽였으니 그에 상응하여 인신이 구속되는 상태에 놓이게 되는 것이다.

하지만 여기서 한 가지 놓치는 것이 있다. "죽은 사람은 어떻게 되는가?" 범행 당사자는 자신의 의지에 따라 수많은 일을 계획하고 있었지만, 살해를 당한 피해자는 어느 날 갑자기 살인자의 흉기에 비명횡사한 것이다. 이 문제는 범인을 반드시 잡아서 처리하는 것만으로는 끝나지 않는다.

맹묘의 계성침전의 어머니 위패와 모교일인의 석비

계성침전啓聖寢殿은 맹자 어머니의 위패를 모신 곳으로 일명 맹모전孟母殿으로 불린다. 침전 안에 '추국단범선헌부인지위鄒國端範宣獻夫人之位'라 쓰인 위패가 있지만, 어머니의 조상이 없다. '모교일인母敎一人'은 어머니 교육으로 가장 뛰어난 사람이라는 뜻이다.

返魯葬母

맹자성적도 중 「반노장모返魯葬母」와 맹묘 계성침전의 맹자 석각상

맹자가 제나라에 있다가 어머니의 상을 당해 노나라로 돌아와서 장례를 치르는 내용이다. 계성침전의 오른쪽에는 꿇어앉은 반신의 맹자 석각상이 있다. 전설에 따르면 어머니가 돌아가신 뒤에 맹자는 3년상을 치를 사정이 되지 못해서 이 반신상을 만들어 어머니 무덤 근처에 묻었다고 한다.

전쟁도 마찬가지이다. 손자의 말처럼 전쟁은 국가의 중대사를 결정할 뿐만 아니라 수많은 사람의 생명을 다치게 만든다. 전쟁에서 이기고 복수하려는 욕망을 품게 된 이래로, 전쟁은 승패가 날 때까지 엄청난 고통의 시간이 지나가는 것이다. 설혹 전쟁에서 이겼다고 하더라도 병사들이 죽거나 다친 경우, 그 죽음과 상처가 모두 의미 있다고 할 수 있을까?

여기서 맹자는 바로 단도직입적으로 질문을 던진다. 우리는 잘못을 뉘우치면 같은 잘못을 피할 수 있다. 과오는 사람이기에 있을 수 있는 일이다. 하지만 그 전에 더 좋고 바람직한 경우가 없을까? 있다. 맹자는 사람이 애초에 잘못을 저지르지 않거나 남에게 어떠한 피해를 주지 않는다면 처벌을 받을 일도 없을 뿐만 아니라 다시 살아날 수 없는 원통한 일을 만들지도 않는다고 생각했다. 맹자는 잘못을 하고 뉘우치는 것이 잘못을 하고 뉘우치지 않는 것보다 낫지만, 아예 잘못을 저지르지 않는 것이 더 낫다고 생각했던 것이다. 처음부터 불행이 일어날 가능성을 뿌리째 잘라 버리려는 시도라고 할 수 있다.

어느 폭군이 어떠한 제지도 받지 않고 잔혹한 일을 예사로 저지른다. 나중에 이 폭군을 제거하고 피해를 보상할 수 있다. 맹자는 혁명을 긍정함으로써 이를 긍정했다. 하지만 그는 혁명을 일으키기 이전에 폭군이 아예 생겨나지 않도록 토양을 만드는 것이 더 중요하다고 보았다.

공자가 말했다. "마음을 잘 잡으면 계속 있지만, 놓으면 사라져 버린다. 마음이란 게 오고 가는 게 정해진 때가 없고 방향을 알 수 없다."[22]

이 말을 얼핏 보면 장자의 주장이 아닌가, 라고 의심할 만하다. 충분히 그럴 만하다. 마음의 방향이 없다고 말하기 때문이다. 그러나 자세히 들여다보면 그렇지 않다. 전체적으로 보면 공자의 말은 '조존사망操存舍亡'을 언급하고 있다. 즉, 공자는 사람이 마음을 잡아야 한다는 것을 강조했다. 잡지 못할 경우 두 가지 사태가 생긴다. 첫째, 마음이 복잡해져서 뭐가 뭔지 모르게 된다. 자신이 제 마음도 모르게 된다. 둘째, 마음을 계속 잡지 않으면 잡아야 하는 마음마저도 없어지게 된다.

이 구절의 의미는 그렇게 어렵지 않다. 시험을 앞두고 보통 "공부해야지!"라는 마음을 먹는다. 이런 마음을 계속 가지고 있으면, 누가 놀자고 꼬드기더라도 넘어가지 않고 공부를 하게 된다. 바로 마음을 다잡았기 때문이다. 즉, 조심操心인 것이다. 더 적극적으로 말하면, 마음에 새기는 명심銘心인 것이다. 이와 달리, 먹고 싶으면 먹을 것을 찾고, 피곤하면 쉴 곳을 찾으면, 처음에 공부하려던 마음이 점점 엷어지게 된다. 그러다가 아예 공부하려는

---

22) 「고자」 상8: 操則存, 舍則亡, 出入無時, 莫知其鄉, 惟心之謂與?(박경환, 280)

생각마저 잊어버리게 된다. 이것이 바로 사심舍心, 즉 마음을 푹 쉬게 놓아버린 것이다.

이렇게 보면 공자는 원래 마음이 해야 할 방향이 있고, 그 방향을 다잡아서 나아가라는 것을 권하려고 했던 것이다. 결코 마음이 아무런 방향이 없으니 장자처럼 정처없이 떠돌아다니라고 권하는 것이 아니었다.

그렇다면 조심操心을 하면 전쟁의 시대를 살아가는 데에 무슨 효용이나 가치가 있을까? 맹자는 전쟁이 꼭 무기와 장수의 능력으로 결정된다고 생각하지 않았다. 전쟁은 명분 싸움이라고 보았다. 폭군이 제 아무리 우수한 무기를 가지고 있더라도 정의로운 군대를 결코 이길 수 없다고 보았다. 반대로 말하면 진정한 해방군이라면 몽둥이를 들고서라도 총칼로 무장한 군사를 이길 수 있다고 보았다. 왜냐하면 해방군이 가면 모두 항복하고 총칼을 거꾸로 들 것이기 때문이다. 그는 이를 '인자무적仁者無敵'이라고 했다. 즉, 사람을 사랑하고 구원하려는 사람에게는 맞서서 싸우려는 사람이 없다는 말이다.[23]

단편적으로 보면, 맹자는 단순하고 사회 실정에 어두운 사람처럼 보인다. 하지만 그가 생각하는 길을 쭉 따라가다 보면 나름대로 합리적이고 수긍할 만한 지점을 확인할 수 있다. 그가 찾아

---

23) 「양혜왕」 상7: 彼陷溺其民, 王往而征之, 夫誰與王敵? 故曰: 仁者無敵.(박경환, 38)

낸 길, 즉 인자무적에 동의를 한다면, 무기를 신식으로 만들지 않아도 평화의 시대를 일굴 수 있는 것이다. 이것이 바로 맹자가 마음의 길을 따라가면서 희망의 닻을 세우고자 했던 모습이었다.

맹자에 흐르는 두 강물의 이야기

여불위呂不韋(292~235 BC)가 3천여 명의 식객을 모아서『여씨춘추
呂氏春秋』를 편집해 낸 적이 있었다. 그는 이 책이 완성된 뒤 책과
함께 천금을 함양의 저잣거리 문에 걸어 놓고 한 자라도 손댈 수
있으면 그 천금을 주겠다고 하였지만 나서는 자가 없었다. 이로 인
해 '일자천금一字千金'의 고사가 생겨났다.[24] 훗날 고유高誘는『여씨
춘추』의 풀이를 달면서 이 일화와 관련해서 날카로운 촌평을 남겼
다. "당시 사람들이 손댈 수 없던 것이 아니라, 재상을 꺼리고 그의

---

24) 『사기』「여불위열전」: 呂不韋乃使其客人人著所聞, 集論以爲八覽,六論, 十二紀, 二十餘萬言. 以爲
備天地萬物古今之事, 號曰呂氏春秋, 布咸陽市門, 懸千金其上, 延諸侯游士賓客, 有能增損一字者予千
金.(정범진 외, 5: 378)

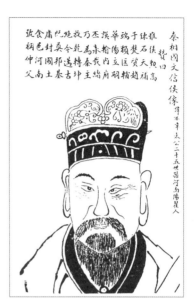

여불위의 초상

여불위는 진시황이 친정을 하기 전에 진나라 통일의 토대를 마련한 인물이다. 그는 『여씨춘추』를 편집하여 통일 이후 진나라 국정의 대강을 마련하고자 했다. 진시황이 성장하여 친정을 시작하게 되자 여불위의 정치적 입지는 줄어들었다.

세력을 두려워했을 뿐이다." 아울러 자신이 집에 있던 『여씨춘추』를 읽어 보니 내용이 제자백가의 서적에 견줄 만했고, 글자가 빠지거나 잘못된 곳을 찾았다고 술회했다.[25] 고유가 일찍 태어났더라면 여불위가 내걸었던 천금을 타는 주인공이 되었을지도 모르겠다.

---

25) 고유, 「여씨춘추서呂氏春秋序」: 時人無能增損者, 誘以爲時人非不能也, 蓋憚相國畏其勢耳. …… 家有此書, 尋繹案省, 大出諸子之右, 旣有脫誤, 小儒又以私意改定, 猶慮傳義失其本眞, 少能詳之, 故復依先師舊訓, 輒乃爲之解焉, 以述古儒之旨.(김근, 1: 35) 왕충도 『논형』 「자기自紀」에서 같은 일화를 전하면서 "여불위의 권세가 두렵고 무서워서, 비록 논리가 어긋나더라도 어찌 한 자라도 잘못됐다고 할 수 있었겠느냐?"라는 촌평을 남겼다.(呂氏懸於市門, 觀讀之者, 惺恐畏忌, 雖乖不合, 言敢譴一字?)

'일자천금'의 고사

일자천금은 여불위가 자신의 권력을 뽐내는 맥락으로 풀이된다. 관점을 달리하면 여불위가 진나라의 국정 방향을 공개한 것으로 볼 수도 있다. 오늘날 정치인들이 선거나 중요한 국면에 '슬로건'을 내걸지만 실제로 아무런 내용을 제시하지 못하는 경우가 있다. 여불위가 그것보다는 낫다고 할 수 있다.

『여씨춘추』의 경우 여불위가 편집 책임자를 맡았고 제자백가의 다양한 유파가 각 편의 집필을 주도했는데, 편집 시기는 기원전 239년 전후로 알려져 있다.[26] 그 나머지 춘추전국시대의 제자백가들은 자신의 책을 직접 편집하지는 않았고, 편집 시기도 정확하게 알려져 있지 않다. 제자백가가 자기 이름의 책을 본다면, 아마 대

---

26) 『여씨춘추』 「서의序意」를 보면 "진나라가 천하를 소유한 뒤 8년 되는 해에 양인良人이 문신후에게 「십이기十二紀」에 대해 물었다."라는 내용이 있다.(김근, 1: 534)

다수는 책의 내용에 대해 회의할 것이다. 편집 과정에서 다른 사람의 주장이 책에 섞여 들어갈 수도 있고, 자신의 중요한 발언이 빠져 있을 수도 있기 때문이다.

제자백가의 서적들을 보면, 현재 편제는 각 사상가의 핵심 주장을 가장 집약적으로 잘 보여주고 있다. 공자는 첫 구절에서 학學(배움)이 사람을 아름답고 선하게 변화시키는 힘이라고 강조했다. 손자(손무)는 첫 구절에서 전쟁이 국가와 개인의 운명에 끼치는 커다란 위험성을 강조했다.[27] 맹자의 「양혜왕梁惠王」 상의 첫 구절은 『맹자』 전편의 내용을 압축하고 있다. 첫 구절을 재구성해 보면, 맹자가 말하고자 하는 이상과 양나라 혜왕이 바라는 과제가 무엇이고 둘이 어떻게 다른 길을 걸어가게 되는지를 알 수가 있다.

맹자는 천자의 나라가 나라로서 제 기능을 수행하지 못하던 전국시대에 활약했다. '전국칠웅戰國七雄'이라고 하듯이 전국시대는 일곱 강대국, 즉 진秦 · 한韓 · 위魏 · 조趙 · 연燕 · 제齊 · 초楚의 부침에 따라 국제 질서가 요동치던 시기였다. 그런데 아무리 찾아봐도 나라 이름에 양梁이 없는데, 맹자는 도대체 어떻게 양 혜왕을 만나게 된 것일까? 그가 타임머신을 타고 다른 시대로 간 것일까 아니면 장자처럼 무한한 상상력을 발휘해서 가상의 인물을 창조해서 만나고 있는 것일까?

---

27) 이와 관련해서 『공자와 손자, 역사를 만들고 시대에 답하다』(사람의무늬, 2014) 참조.

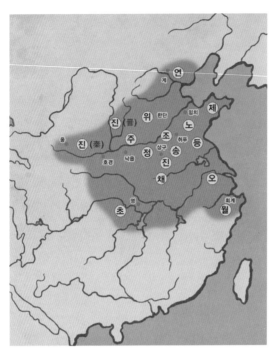

춘추시대

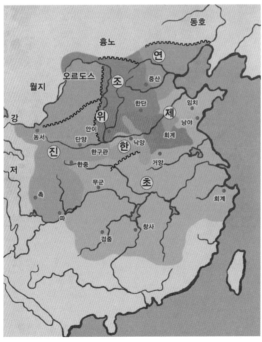

전국시대

이 물음에 대한 답을 찾는 것이 『맹자』를 이해하는 첫걸음이라고 할 수 있다. 전국시대 앞의 춘추시대로 시간을 거슬러 가보자. 춘추시대 진晉나라는 전통적으로 북쪽 중원 지역의 패자로서 남쪽 초楚나라의 북상을 저지하는 선봉에 섰다. 춘추시대 말에 이르러 진나라의 구 귀족이 쇠퇴하고 지백智伯·한·위·조 등 신흥 귀족이 성장하게 되었다. 이들은 일시적으로 세력 균형을 유지하기도 했지만 자기 세력의 확대를 위해서 끊임없이 경쟁했다.

진나라의 네 세력 중 지백은 우위를 유지했지만 압도할 정도는 아니었다. 지백은 우월적 지위를 차지하기 위해서 먼저 한씨와 위씨의 가문과 연합하여 조씨의 가문을 공격하기로 했다. 세 가문은 연합해서 3년째 조씨의 근거지를 공격했지만 근거지를 함락시키지 못했다. 마지막으로 조씨의 근거지에 수공水攻을 하여 성이 무너질 찰나에 조씨의 가문은 비밀리에 한과 위의 가문과 접촉하여 위기 탈출을 노렸다. 조씨의 가문은 자신이 망하면 지백이 한씨와 위씨를 차례로 공격할 것이라는 순망치한脣亡齒寒의 논법으로 연합군의 분열을 노렸다.

조씨의 설득으로 한씨와 위씨는 지백과 연합을 그만두고 오히려 세 가문이 지백을 공격했다. 불의의 일격으로 지백은 몰락의 길을 걸었다. 이후 한·위·조의 세 가문은 진나라 국정을 좌지우지하다가 기원전 453년에 삼가분진三家分晉을 단행했다. 즉 한·위·조의 세 가문이 진나라를 쪼개서 각각의 나라로 독립한 것이다.

기원전 403년에 주나라 위열왕威烈王은 세 가문의 요구를 받아들여 그들을 정식 국가로 승인했다. 천자로서는 자기 부정의 조치를 취한 것이다. 자신이 제후로 분봉해 준 나라를 훼손했으면 응징해야 하는데, 그 책임을 묻지 않고 반대로 정식 제후로 공인해 주었기 때문이다.

이렇게 춘추시대에는 없던 위魏나라가 전국시대의 무대에 새롭게 등장했다. 위나라는 위치상으로 서쪽의 진秦나라와 인접해 있었다. 전국시대 초기만 해도 위나라는 국제 질서의 조정자 역할을 했었다. 하지만 진나라가 급속하게 성장하면서 위나라를 자주 공격했고, 위나라는 진나라의 거듭된 공격으로 영토를 잃었을 뿐만 아니라 멸국滅國의 위기까지 느끼게 되었다. 이에 위나라는 천도를 통해서 국력의 신장을 꾀하고자 했다. 혜왕은 수도를 안읍安邑에서 대량大梁(오늘날 카이펑開封)으로 옮기게 되었다. 이때부터 위나라는 여전히 '위魏'로 불리거나 새 도읍에 따라 '양梁'으로 불리게 되었다.

'왕'은 천자만이 사용할 수 있는 호칭이다. 그런데 양 혜왕은 제후이면서 어떻게 왕의 칭호를 멋대로 사용할 수 있었을까? 전국시대가 되면 주나라 천자는 있지만 없는 것과 마찬가지로 유명무실한 존재가 된다. 국제 질서도 주나라 천자가 아니라 제후의 실력자에 의해서 좌우되었다. 상황이 이렇게 되자 제후 중 몇몇 실력자들은 자신을 더 이상 공公·후侯·백伯·자子·남男의 제후로 부르

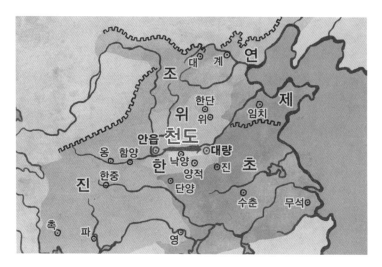

위나라의 '대량' 천도

지 않고 칭왕稱王, 즉 '왕王'으로 자처했던 것이다. 양 혜왕도 그러
한 인물 중 하나였다.

따라서 양 혜왕이란 이름 자체가 많은 것을 보여주고 있다. 즉,
왕이 되고 싶은 욕망은 있지만 현실적으로 그러한 역량을 갖추지
못해서 위기에 처해 있는 상황을 나타내며, 현실과 이상의 괴리로
고통을 겪지만 끝내 그것을 인정하지 않고 있음을 상징적으로 보
여준다.

「양혜왕」 편의 글을 보면, 그는 실제로 자신을 백성의 복지를
위해서 최선을 다하는 선한 지도자로 인식하고 있고, 미래의 과제

를 실현하기 위해서 하나씩 착실하게 준비하는 유능한 지도자로 자처하고 있다. 맹자는 양 혜왕과 대화를 나누면서 그가 얼마나 과대망상에 빠져 있으며 편집광적인 성격을 지니고 있는지 확인시켜 주고 있다.

이제 『맹자』의 첫 문장으로 들어가 보기로 하자. 양 혜왕은 맹자를 만나자 "천 리 길을 멀다고 생각하지 않고 찾아주셨다!"라며 반가움과 고마움을 표시했다. 이어서 금방 "우리나라를 이롭게 할 길이 있습니까?"[28]라며 듣고자 하는 이야기의 방향을 제시하고 있다. 이 질문은 그에게 참으로 절실했다. 양나라가 서쪽의 진나라, 남쪽의 초나라, 동쪽의 제나라로부터 위협을 느끼고 있는 만큼, 살아남기 위해서 추상적인 담론이 아니라 실질적인 이익이 필요했기 때문이다. 이익을 가져오는 길이야말로 양 혜왕이 추구해야 할 방향이기도 했다.

맹자는 양 혜왕의 질문을 듣자마자 바로 질문 자체에 문제가 있다고 반박했다. "왕은 하필이면 이익이라는 말을 제일 먼저 끄집어내는가요? 갈 길은 인의仁義 도덕에 달려 있을 뿐입니다."[29] 맹자는 혜왕의 질문을 듣고 자신의 귀를 의심했던 듯하다. 자신에게 이익 이야기를 하는 것도 이상하지만 한 나라를 이끌어 가는 지도자

---

28) 「양혜왕」상1: 亦將有以利吾國乎?(박경환, 29)

29) 「양혜왕」상1: 王何必曰利? 亦有仁義而已矣.(박경환, 29)

가 다짜고짜 이익을 논하려고 들기 때문이다.

이어서 맹자는 한 나라의 지도자가 '이익'을 말하는 게 도대체 왜 문제인지를 해명하기 시작했다. 연쇄법으로 이어지는 그의 논변은 가만히 듣고 있으면, 급류가 우당탕 흘러가며 다른 소리를 집어삼킬 듯이 우렁차다.

맹자의 논변은 이렇다. 한 나라의 지도자가 자국의 이익을 들먹이게 되면, 그 아래의 대부大夫와 평민도 각각 자기 집단의 이익을 들먹이게 될 것이다. 이렇게 되면 온 나라의 사람들은 하나같이 자신이 속한 삶의 단위가 갖게 될 이익만을 고민하게 된다. 이때 사람들은 고민에 그치지 않고 이익을 차지하기 위해서 실제로 움직이게 된다. 이러한 상황이 지속되면 반드시 "위와 아래가 하나같이 이익을 다투게 되니 나라가 위태로워진다." [30]

사람들이 각자 자기 자신만의 이익을 위해서 움직이게 되면 자기 자신의 이익 이외에 다른 것을 전혀 고려하지 않게 된다. 즉, 이익의 소유에 빠져서 다른 것은 어떻게 되어도 신경 쓰지 않게 되는 것이다. 그 결과 자신의 이익을 위해서 신하는 임금을 죽이고 자식도 부모는 해치게 된다.

맹자의 주장은 다소 극단적으로 보인다. 이익을 추구한다고 해서 반드시 상호 파멸적인 상황으로 이어진다고 할 수는 없기 때문

---

30) 「양혜왕」상1: 上下交征利, 而國危矣.(박경환, 29)

惠梁見遊

遊見齊宣

맹자성적도 중 「유견양혜遊見梁惠」, 「유견제선遊見齊宣」, 「등문문도滕文問道」

맹자가 만난 전국시대의 세 제후를 말한다. 맹자는 제일 첫 편 제목이 된 양 혜왕을 만나서 유세를 했다. 그는 혜왕에게 이익을 중시할 때 생겨날 문제를 이야기하며 선인후리先仁後利를 말했다. 맹자는 제 선왕을 만나서 '할 수 없는' 불능不能과 '하지 않으려는' 불위不爲의 차이를 말하고 항산과 항심의 관계를 설명했다. 맹자는 작은 나라를 다스리는 등 문공에게 나라의 규모와 상관없이 좋은 나라를 만들 수 있다는 인정仁政의 이야기를 했다. 맹자는 세 제후를 만나서 자신의 이상을 실현하고자 했지만, 꿈을 펼칠 수 있는 기회를 만나지는 못했다.

이다. 하지만 맹자는 다른 어떤 것보다 이익의 약탈성에 주목했다. 생산력이 낮은 단계에서는 총생산량이 비약적으로 늘지 않으므로 누가 더 많이 가지려고 하게 되면, 결국 남의 것을 빼앗을 수밖에 없기 때문이다. 이러한 약탈성을 멈추려면 인의 도덕이 필요하다고 생각했던 것이다.[31)

생산량이 지속적으로 증가한다면, 맹자도 이익의 약탈성에만 주목하지 않고 이익의 호혜성을 말했을 것이다. 오늘날 자유주의도 이익을 추구를 인정하지만 "타인에게 해를 끼치지 않는 한"이라는 단서를 제시하고 있다. 이렇게 보면 『맹자』에는 이익을 약탈성의 관점에서 주목하는 맹자의 시각과 위기 탈출의 해결책으로 보는 양 혜왕의 시각이 두 흐름을 이루며 우당탕 부딪치면서 흘러가고 있는 것이다.

---

31) 이와 관련해서 신정근, 『동중서: 중화주의의 개막』(태학사, 2004), 190~206쪽 참조.

성선, 맹자가 찾아낸 희망의 씨앗

우리나라에서 중·고등학교를 다니게 되면 "맹자＝성선性善, 순자 ＝성악性惡"을 무슨 공식이나 되는 것처럼 외우게 된다. 그래서 대학생에게 동양 철학 강의에서 성선과 성악 이야기를 하려고 하면, "성선은 본성이 선하다는 것이고, 성악은 본성이 악하다는 아냐?" 라며 더 이상 귀 기울려고 하지 않는다. "다 아는 것을 다시 새삼스럽게 이야기를 해서 뭐하느냐?"라는 식이다.

　사실 아무 것도 모르는 것보다는 조금이라도 아는 것이 낫지만, 이런 식으로 외워서 아는 것은 동양 철학을 알고자 할 때 별다른 도움이 되지 않는다. 어떤 논란의 결론을 아는 것도 중요하지만 결론에 이르는 과정을 알아야 하기 때문이다. 그래야 논의의 전체

맹자와 순자의 초상

맹자와 순자는 전국시대를 대표하는 사상가이다. 훗날 도통론에 따라, 맹자는 순자에 비해 존중을 받았다. 하지만 전국시대의 맥락에서 보면, 순자의 사상이 주류였다고 할 수 있다.

맥락과 의의를 제대로 이해할 수 있을 뿐만 아니라 다른 입장까지 객관적으로 바라볼 수 있다.

예컨대 역전을 거듭하며 승부가 난 스포츠의 경우 하이라이트만을 보는 것과 전체 경기를 보는 것의 차이는 엄청나다. 전자는 승부만을 확인하는 데에 초점이 있다. 후자는 엎치락뒤치락하는 과정에서 손에 땀을 쥐게 하는 긴장감, 역전에 따라 갈리는 희비, 어처구니없는 실수로 인한 허탈감, 승부가 난 뒤에 남는 진한 감동 등 스포츠에서 인생을 느낄 수 있게 만든다.

사실 성선은 맹자가 어느 날 갑자기 생각해서 툭 던진 테제가 아니다. 맹자가 궁지에 몰린 공자 사상의 한계를 극복하기 위해서 생각에 생각을 거듭하면서 『시경』을 읽고 『묵자』를 읽다가 어렵사리 찾아낸 엄청난 발견이다. 따라서 맹자가 왜 성선을 말하게 되는지 그 과정을 알게 된다면, 스포츠에서 느끼는 것과는 다르겠지만 그 나름의 이해와 감동을 느낄 수 있다.

전국시대가 비상사태 하의 병영 사회로 유지되지 않는다고 하더라도 다들 전쟁이 일상화되면서 혼란과 불안이 심한 시대로 알고 있다. 그렇다면 그 시대는 불안한 사람들이 살아남기 위해서 아귀다툼을 벌이는 참혹한 모습으로 연상할 수 있을 것이다. 이런 시대라면 순자처럼 사람의 본성을 '성악'으로 보는 게 자연스러울 듯한데 맹자는 도대체 왜 성선을 말했을까, 라는 의문이 들 만하다.

이 의문을 푸는 실마리는 『맹자』 첫 구절에 나오는 양 혜왕과 맹자의 대화에서 찾을 수 있다. 양 혜왕은 자신의 나라를 이롭게 할 수 있는 방법에 관심을 두었다. 맹자는 양 혜왕의 길이 "위와 아래가 하나같이 이익을 다투게 되면 나라가 위태로워진다."[上下交征利, 而國危矣]라는 비극적 결말을 가져오게 된다고 말했다.

그렇다면 이제 맹자는 사람이 이해 관계에 따라서만 움직이지 않는다는 점을 증명해 내야 한다. 증명을 못하면 '성선'은 테제가 아니라 그냥 그렇게 되었으면 좋은 '희망 사항wishful thinking'에 머문다. 언젠가 가수 변진섭이 불렀던 유행가 가사, "밥을 많이 먹

어도 배 안 나오는 여자, 내 얘기가 재미없어도 웃어주는 여자, 난
그런 여자가 좋더라!"에 나오는 여자처럼 말이다.

맹자는 사람이 이익과 손해에 의하면 반응하지 않는다는 점을
밝히기 위해서 일종의 사유 실험thought experiments을 제안했다.
어린아이가 앞에 우물이 있는 줄 모르고 엉금엉금 기어가고 있다.
여기서 맹자는 묻는다. "여러분이 그 장면을 보면 어떻게 할까요?"
우물 비유가 눈에 선하게 그려지지 않는다면 공놀이를 하다가 공
이 차도로 굴러가자 주위를 살피지 않고 차도로 뛰어가는 아이를
보는 장면으로 바꿔서 생각해 봐도 좋다.

우리가 이러한 상황에 놓이게 되면 "앗!"하고 깜짝 놀라면서
아이를 구하려고 뛰어갈 것이다. 이때 아이를 구하려는 행동은 어
디에서 생겨났을까? 아이를 구해 주고서 그 아이의 부모로부터 받
을 물질적 이익을 기대했을 수도 있다. 또 구하지 않아서 아이가
죽었을 경우 지역 사회로부터 받게 될 비난을 두려워했을 수도 있
다. 이것은 전형적으로 행위의 동기를 이해 관계로 짝 지어서 설명
하는 논법이다.

하지만 맹자는 이와 다르게 생각한다. 우리는 그 상황에서 이
해를 따질 만큼 시간적 여유를 가지고 있지 않다. 이럴까 저럴까
고민하는 사이에 아이는 우물에 빠지거나 차에 치여서 죽을 수 있
다. 긴박한 순간에 나의 행동으로 인해 어떤 결과가 나에게 닥쳐올
까 냉정하게 계산하고 나서 움직이지 않는다.

カメラマンの関根 史郎氏、韓国人
留学生の李 秀賢氏は、2001年1月26日
午後7時15分頃、新大久保駅において
線路上に転落した男性を発見し、自らの
身の危険を顧みず救助しようと敢然と
線路に飛び降り、尊い命を落とされ
ました。
　両氏の崇高な精神と勇敢な行為を
永遠にたたえ、ここに記します。

東日本旅客鉄道株式会社

한국인 유학생 이 수현씨, 카메라맨
세키네 시로씨는 2001년 1월 26일
오후 7시 15분경, 신오오꾸보역에서
선로에 떨어진 사람을 발견하고 자신
들의 위험을 무릅쓴 채 용감히 선로에
뛰어들어 인명을 구하려다 고귀한 목숨
을 바쳤습니다.
　두 분의 숭고한 정신과 용감한 행동을
영원히 기리고자 여기에 이 글을 남깁니다.

동일본 여객철도 주식회사

어린이 보호 구역과 신오쿠보 역의 고 이수현 씨의 비석

우리는 학교 앞에서 '스쿨존school zone'을 설정하여 차량의 출입을 통제하고 있다. 차량 운전시에도 시속 30km을 넘기 않도록 규제하고 있다. 만약 스쿨존에서 아이가 차도로 갑자기 뛰어들어 차와 부딪치려고 할 때 여러분은 어떻게 할까요? 이 상황은 맹자가 어린아이가 우물에 빠지려는 상황을 설정한 것과 마찬가지이다. 고 이수현 씨는 2001년 1월 26일 신오쿠보 전철역에서 선로에 떨어진 일본인 남성을 구하려다 목숨을 잃었다.

우리는 오로지 위험에 처한 아이의 상황에만 집중하고서 그 다음에 아이에게 일어나리라고 생각나는 일이 일어나지 않게 막으려고 할 뿐이다. 맹자는 이런 사람의 마음을 '불인인지심不忍人之心', 즉 다른 사람을 차마 내버려두지 못하는 마음이라고 했다.[32] 이 마음은 이해를 뛰어넘는 순수한 마음이라고 할 수 있다.

여기서 주의할 게 있다. 맹자는 사람의 모든 마음이 순결하다고 말하는 게 아니다. 사람은 이해에 따라 움직이는 마음도 있지만 이해를 초월하는 마음도 있다는 것이다. 이런 순수한 마음은 우리들에게도 그렇게 낯설지 않다.

텔레비전이나 인터넷을 통해서 기아 소식을 접하게 되면 우리는 바라는 것이 아무것도 없으면서 선뜻 기부를 한다. 사소하게는 거리를 걷다가 길을 물어보는 외국인에게 친절하게 길을 알려준다. 도로에서 구급차가 지나가면 길을 양보하여 응급 환자가 빨리 병원에 도착해서 치료를 받게 하려고 한다.

이 경우 우리는 손해를 볼 수 있다. 길을 양보하느라 약속 시간에 늦을 수 있고, 기아에게 기부를 하느라 정작 이번에 사려고 하던 스마트폰을 다음 달에 사게 될 수도 있다. 하지만 우리는 이런 행동을 하고서 "손해 봤다"고 생각하지 않을뿐더러 이해과 손해를 따지는 것 자체를 못마땅하게 생각한다. 그냥 내가 해야 할 일을

---

32)「공손추」상6: 人皆有不忍人之心. 先王有不忍人之心, 斯有不忍人之政矣.(박경환, 93)

했을 뿐이다.

맹자는 시대가 아무리 각박하고 경쟁이 치열하다고 하더라도 사람이 사람인 한 자연스럽게 하거나 당연히 하지 않는 것이 있다고 생각했다. 그것이 바로 사단四端, 즉 마음의 순수한 네 가지 싹이다.[33] "함께 아파하는 마음, 부끄러워하는 마음, 상대를 존중하는 마음, 옳고 그름을 가리는 마음은 사람이라면 모두 가지고 있다. 이 중 함께 아파하는 마음은 사랑이고, 부끄러워하는 마음은 도의이고, 존중하는 마음은 예의이고, 시비를 가리는 마음은 지혜이다. 인의예지 네 가지는 밖에서 나에게 우겨넣은 것이 아니라 내가 원래부터 가지고 있는 것이다. 사람들이 그런 마음에 집중하지 않아서 모를 뿐이다."[34]

우리는 사이코패스나 패륜 범죄자를 예로 들면서 맹자의 성선이 성립되지 않는다고 반론을 펼칠 수 있다. 맹자도 이러한 반론을 알고 있었다. 그 자신도 사회 생활을 하면서 "어떻게 저런 식으로 행동을 할 수 있을까?"하는 사람을 만났었기 때문이다. 하지만 이런 반론이 맹자의 성선을 무기력하게 할 수는 없다. 사람이 살인과

---

33) 사단의 단端은 뭉뚝한 끝을 가리킨다. 여기서 끝은 봄에 땅을 뚫고 나온 떡잎을 연상시킨다. 떡잎은 그 아래에 생물을 자라게 하는 강한 생명력을 함축하고 있다. 사람의 마음에 적용하면 "이렇게 해볼까!"라며 생각이 행동으로 이어지는 지점을 말한다.

34) 「고자」상6: 惻隱之心, 人皆有之. 羞惡之心, 人皆有之. 恭敬之心, 人皆有之. 是非之心, 人皆有之. 惻隱之心, 仁也. 羞惡之心, 義也. 恭敬之心, 禮也. 是非之心, 智也. 仁義禮智, 非由外鑠我也, 我固有之也, 弗思耳矣.(박경환, 275)

맹자고리孟子故里와 맹자고택孟子故宅

맹자는 이곳에서 태어나 살면서 전쟁으로 신음하는 시대를 보면서도 사람에게 희망을 줄
따뜻한 마음을 찾아냈을 것이다. 먼지로 둘러싸인 맹자 고향의 허름한 느낌과 달리 맹자
고택의 빨간 현판은 맹자가 찾아낸 '따뜻한 마음'을 나타내는 것처럼 보인다.

같은 끔찍한 일을 저지르기는 하지만, 그 사람도 24시간 내내 살인을 생각하거나 모든 사람을 살인의 대상으로 생각하지는 않는다. 즉, 그 사람도 성선의 마음이 있지만 범죄의 마음이 강하기 때문에 드러나지 않을 뿐이다.

우리는 과거에 했던 일을 뚜렷하게 기억하다가도 어느 순간에 전혀 기억이 나지 않는 경우가 있다. 기억나지 않는다고 해서 우리가 했던 과거의 일이 없어지는 것은 아니다. 마찬가지로 악한 사람이라고 해도 그 사람이 영원히 악한 것은 아니라는 것이다.

맹자는 바로 이 지점에서 희망을 찾는다. 시대가 아무리 암울하고 사람이 경쟁으로 그 잔혹성을 드러낸다고 하더라도, 사람은 다른 것이 아니라 바로 자신 안에서 희망의 씨앗을 품고 있는 것이다. 성선과 사단은 맹자가 암울한 시대에서 발견했던 희망의 보루였던 것이다. 즉, 성선이 있기 때문에 현재의 고통에 무너지지 않고 사랑과 정의의 실현을 위해 나아갈 수 있는 것이다.

맹자가 발견했던 성선은 훗날 동아시아 문화의 중요한 특색이 된다. 유일신 문화에서 사람은 절대적 권능을 지닌 신의 뜻에 따라 살아야 한다. 만약 사람이 유일신의 뜻대로 살지 않는다면, 신은 심판을 통해 응징하는 처벌을 내리게 된다. 하지만 성선은 그러한 신의 개입을 필요로 하지 않는다. 왜냐하면 사람이 도덕적으로 완전하기 때문이며, 신에게 기댈 필요 없이 스스로 자신을 일으켜 세울 수 있기 때문이다. 바로 이 때문에 동아시아 문화에서 계시와

기도보다는 수양과 성찰을 강조했던 것이다.

맹자의 성선과 사단을 통해서 우리는 자신에게 다음을 물을 수 있다. "사람이 이해에 따라 활동하는 것 이외에 이해를 따지지 않고 활동해야 하는 것이 무엇이라고 생각하는가?" 이 물음에 한참 대답하지 못한다면 우리는 지나치게 세속화된 상태에 있다고 할 수 있다.

같은 사람인데
어디에서 차이가 날까?

'성선性善', 즉 사람이 도덕적으로 완전하다는 주장은 맹자의 핵심 사상이다. 이에 따라 『맹자』를 펼치면 책의 곳곳에서 성선이 나오리라 예상할 수 있다. 뜻밖에도 『맹자』에는 성선이 세 차례밖에 쓰이지 않고 있다. 사실 성선은 맹자 자신보다 훗날 성리학에서 사상의 토대로 삼으면서 중요한 개념이 되었다고 할 수 있다. 물론 『맹자』에 성선이 많이 쓰이지 않더라도 문맥상으로 성선의 의미를 나타낼 수 있다. 예컨대 진심盡心도 성선의 맥락으로 볼 수 있다.

어쨌든 『맹자』에 성선이 명시적이든 암시적이든 이례적으로 적게 쓰이는 것은 사실이다. 우리는 이 사실을 어떻게 이해할 수 있을까? 여러 가지 풀이가 가능하겠지만, 우선 성선설만으로는 사

맹림의 입구와 맹자묘

맹림孟林은 바위산 자락에 있다. 앞에 후손들의 무덤이 즐비하게 서 있고, 안쪽에 사당과 함께 맹자의 무덤이 있다. 무덤 위의 풀과 나무를 보면 인위적인 무덤도 자연을 닮아가지 않을 수 없다는 것을 느낀다. 비에는 '아성맹자묘亞聖孟子墓'라고 새겨져 있는데, 아성은 성인 공자에 버금간다는 뜻이다. 아성은 맹자의 대명사로 쓰인다.

람의 도덕적 행위 가능성을 설명하기 부족하기 때문이라고 생각할 수 있다. 성선은 암울한 시대와 극심한 경쟁에도 불구하고 사람이 이해에 좌우되지 않고 올바르게 살 수 있는 도덕의 근원이다.

하지만 도덕의 근원이 마련되었다고 해서 사람이 자동적으로 도덕적으로 행동할 수 있을까? 수업 시간에 같은 선생님으로부터 수업을 받았지만 그 이해도에서 차이가 나고, 신입 사원의 연수 교육을 똑같이 받았지만 직무의 이해도는 각각 다르게 나타난다. 사람이 성선이라는 보편적인 도덕의 근원을 가지고 있다고 하더라도 사람마다 그 차이가 드러나는 것이다.

일찍이 공자는 다양한 사람을 군자君子와 소인小人으로 구분한 적이 있다. "군자는 정의(본분)에 투철하고 소인은 혼자만의 이익에 투철하다."[35] 그는 현실에서 사람들이 드러내는 객관적인 행태를 보고서 사람을 두 유형으로 나눈 것이다. 예컨대 어떤 사람이 청탁을 받고서 그 대가로 뇌물을 받거나 자기 감정을 절제하지 못하고 애먼 사람에게 화풀이를 한다면 그이는 소인이다. 반면 어떤 사람이 부당하다면 한 푼의 돈도 받지 않거나 개인의 고통에도 불구하고 공동체의 문제를 해결하려고 바삐 뛰어다닌다면 그이는 군자이다.

맹자는 공자의 군자와 소인 구분법을 이어받으면서 초점을 사

---

35) 『논어』 「리인」 16: 君子喩於義, 小人喩於利.(신정근, 170)

람의 형태形態에서 마음으로 옮겼다. 맹자는 사람의 행태가 결국 마음에서부터 비롯된다고 보았다. 누구를 좋아하는 마음이 있으니까 그 사람을 예뻐하고, 다른 사람을 미워하는 마음이 있으니까 그 사람을 꺼려하는 것이다. 맹자는 이제 사람을 도덕적인 존재로 탈바꿈시키려면 행동 하나하나를 교정하는 것보다 마음의 갈래를 잘 살펴서 조율하라고 제안하는 것이다. 즉, 맹자는 사람에 대해 드러난 행동의 원인이자 근원이 되는 마음을 주목하기로 한 것이다.

제자 공도자公都子는 선생의 취지를 잘 이해하고서 공자의 군자와 소인 구분법에서 업그레이드되고 새로운 사유를 여는 결정적인 질문을 던졌다. "사람은 모두 똑같은 사람이지만, 어떤 사람은 군자처럼 굴고 어떤 사람은 소인처럼 구니, 도대체 이유가 무엇인가요?"[36]

공자가 공도자의 질문을 받는다면 그 원인을 지식의 문제로 볼 것이다. 즉, 어떤 사람이 어떻게 할지 '안다면' 군자처럼 굴 것이고 어떻게 할지 '모른다면' 소인처럼 굴 것이다. 하지만 맹자는 같은 질문에 대해서 전혀 다르게 대답하고 있다. "대체大體, 즉 큰 몸을 따르면 대인이 되고, 소체小體, 즉 작은 몸을 따르면 소인이 된다."[37]

---

36) 『맹자』「고자」 상15: 鈞是人也, 或爲大人, 或爲小人, 何也?(박경환, 287)

37) 「고자」 상15: 從其大體爲大人, 從其小體爲小人.(박경환, 287)

'대체'와 '소체'는 요즘 쓰지 않는 말인데, 전자는 나와 남의 욕망과 관점을 공정하게 판단하는 이성적 태도에 해당되고, 후자는 자신의 만족을 우선시하는 감성적 욕망에 해당된다. 간단히 말해서 이성과 감성이라고도 할 수 있다. 이성과 감성을 넣어서 다시 풀이하면 다음과 같다. "이성에 따르면 대인이 되고, 감성에 따르면 소인이 된다."

맹자의 대답은 간단하지만 그렇게 명쾌하지 않다. 그래서 공도자는 다시 질문을 던졌다. "사람은 모두 똑같은 사람이지만, 어떤 사람은 대체를 따르고, 어떤 사람은 소체를 따르니, 도대체 이유가 무엇인가요?"[38] 공도자는 자신이 원하는 대답을 듣지 못하자 선생에게 끝까지 추궁을 하고 있다. 그는 "사람은 모두 기본적으로 똑같은데, 왜 현실적으로 차이가 생겨나는가?"라는 물음을 집요하게 던지고 있는 것이다.

맹자는 이제 달리 피할 곳이 없다. 사람이 차이를 보이는 내적인 이유를 적시해서 설명해 주어야 하는 상황에 놓이게 되었다. 여기서 그는 "사람이 무엇을 하고 싶다."라며 무엇을 지향하는 메커니즘에 주목했다.

맛있는 음식의 냄새가 솔솔 풍기면 사람은 코를 벌렁거리며 냄새의 진원지를 찾아가서 먹고 싶어 한다. 이때 다이어트를 해서 먹

---

38) 「고자」 상15: 鈞是人也, 或從其大體, 或從其小體, 何也?(박경환, 287)

을 수 없는데도 맛있는 냄새에 끌려서 그쪽으로 가서 군침을 흘린다. 길가다가 예쁜(잘생긴) 이성을 보면 사람은 의식적이든 무의식이든 눈이 그 사람 쪽으로 향하게 된다. 이때 주위를 살피지 않아 도로 표지판과 부딪치기도 한다. 또 음악과 노래에 심취한 사람은 배를 굶을지라도 좋은 오디오를 장만하려고 한다.

이처럼 사람은 눈, 코, 귀, 입 등을 통해서 욕망을 느끼게 되면 "해도 좋은지 나쁜지?"를 따져 보지도 않고 그것을 충족시키려고 한다. 초콜릿 중독, 술 중독, 섹스 중독, 음악 중독처럼 우리가 특정한 감각의 욕망에 빠지게 되면 다른 것을 전혀 생각하지 못하고, "그것이 아니면 아무도 없는 것"과 같은 상황에 빠지게 되는 것이다.

그렇다고 모든 사람이 중독에 빠지는 것은 아니다. 예컨대 회식으로 술에 얼큰하게 취했을 때, 습관적으로 차 열쇠로 차문을 열고 운전하려는 사람들이 있는 반면, 그 순간에도 역시 '음주 운전'의 위험성을 떠올리고서 대리 운전 기사를 부르거나 차를 두고 귀가하는 사람도 있다. 그는 술 취한 기분에 빠져서 음주하고서도 운전을 잘 할 수 있다는 고집을 피우지 않고, 사고가 날 수도 있다는 생각을 받아들이고 있는 것이다.

맹자는 사람이 어떤 생각과 기분에 빠져서 어떻게 행동하게 되는지를 심리적으로 관찰해서 그 보고서를 작성하고 있다. "눈이나 귀의 기관은 생각하지 못하고 외물의 유혹에 꼼짝하지 못한다. 눈과 귀의 감관이 외물과 만나면 그쪽의 유혹으로 끌려가게 된다. 마음의 기관은 생각한다. 생각하면 제 중심을 잡지만, 생각하지 못하면 제 중심을 잡지 못한다."[39]

여기에 이르러서야 맹자는 비로소 다 같은 사람이 왜 다르게 행동하게 되는가에 대한 이유를 명쾌하게 설명하고 있다. 소체를 따르는 것은, 눈과 귀의 감각 욕망을 만족시키려고 하는 것이다. 이러한 욕망 충족은 한번 빠지면 그 즐거움에서 헤어나기가 어렵다. 반면 대체를 따르는 것은, 마음의 생각을 그대로 실현하는 것이다. 이 마음은 앞뒤를 따지기도 하고 이것저것을 비교하기도 한다. 이 마음은 무턱대고 하려고 고집을 피우지 않으며, 해서 문제가 없는 것을 따르도록 사람을 이끌어 갈 수 있다.

공도자는 맹자의 대답에 만족했는지 더 이상 질문을 던지지 않았다. 하지만 우리는 맹자에게 다음의 질문을 던질 수 있다. "사람이 마음의 기관에 따르고, 눈과 귀의 기관에 따르지 않으면 좋겠지만, 어떻게 그렇게 될 수 있는가요?"

백화점에서 비싼 장난감을 사달라며 바닥에 누워서 뒹굴뒹굴 구르는 아이, 술을 먹으면 건강에 나쁘다고 하지만 술 이야기만 나오면 사족을 못 쓰는 사람, 의사 결정 과정에서 자신의 주장이 덜 합리적이지만 위신 때문에 다른 사람의 생각을 받아들이지 못하는

---

39) 「고자」 상15: 耳目之官不思, 而蔽於物. 物交物, 則引之而已矣. 心之官則思. 思則得之, 不思則不得也.(박경환, 287)

사람, 상품을 구매해 놓고 뚜렷한 이유도 없이 무조건 환불과 교환을 요구하는 사람 등등. 우리 주위에는 상식이나 일반 규범마저 무시하고 지키지 않는 사람들이 있다.

이런 경우에 맹자는 어떤 해결책을 제시할 수 있을까? 맹자는 대소大小, 즉 중요한 것과 사소한 것의 가치를 구분하라고 말한다. "사리를 분별하는 마음은 하늘이 사람에게 준 것이다. 먼저 큰 것, 즉 가치가 중요한 것을 세우면, 작은 것, 즉 가치가 적은 것은 중요한 것에게 덤빌 수 없다. 이게 바로 대인이 되는 길이다."[40]

사람이 다른 만큼 서로 생각이 다를 수 있다. 두 사람의 의견이 첨예하게 갈릴 경우 주위 사람은 어느 쪽이 더 합리적이고 공정하고 타당한지 판정할 수 있다. 즉, 우리는 사람으로서 더 합리적인 주장을 찾아낼 수 있는 공통 지성을 가지고 있는 것이다. 이것을 부정하게 되면, 우리는 사람이 서로 합의에 이를 수 있는 가능성을 믿지 못하게 된다. 때로 의견이 갈릴지언정 길게 보면 더 합리적인 쪽으로 의견이 결정되리라 보는 것이다.

이렇게 보면 맹자는 끝까지 유일신에게 기대지 않고 사람 안에서 문제 해결의 능력을 길어 내기 위해 참으로 분투했다고 할 수 있다. 어떻게 보면 우리 자신에게도 얼마간의 맹자는 들어 있는 것이리라.

---

40) 「고자」 상15: 此天之所與我者, 先立乎其大者, 則其小者不能奪也. 此爲大人而已矣.(박경환, 287)

조선시대『맹자』읽기의 도사들

인문학 강좌를 다니다 보면 반응이 몇 갈래로 나뉜다. 한두 번 정도 인문학 강좌를 들어본 사람들은 '좋다'라는 말을 자주 한다. 젊을 때는 인문학을 잘 몰랐는데 나이가 들어서 듣다 보니 생각이 정리된다고 말한다. 몇 차례 강좌 코스를 마친 사람들은 좀 깊이 있는 이야기를 듣고 싶어 한다. 따라서 단발성 강연을 듣고서 아쉬워한다.

사실 인문학을 좋아한다는 것은 강연을 계속 듣기만 하는 소극적인 활동으로 끝나선 안 된다. 중·고등학교의 수업과 대학교의 교양 수업을 쭉 듣고 나면, 그 다음부터 혼자서 책을 찾아 읽는 적극적인 활동으로 이어져야 한다. 이 단계에 이르면, 선생이 따로 있는 것이 아니라 자기가 곧 자신의 선생이 되는 것이다.

　평소 인문학에 관심이 있건 없건, 근래에 인문학 강좌를 들었건 듣지 않았건, 책을 읽는다는 건 여간 어려운 일이 아니다. 통상 화제의 책이나 자기 계발 서적은 내용이 다소 쉬운 편이라 혼자서 그럭저럭 읽을 수 있다. 반면 인문학이나 고전 부류는 첫 장부터 숨이 막혀서 끝까지 읽기가 불가능할 때가 많다.

　지난날 동양 고전 중에 『맹자』는 문장을 읽히고 문리文理를 익히기에 좋은 책으로 인정 받아왔다. 그런 만큼 '맹자 읽기'와 관련해서 많은 이야기가 전해진다. 옛 사람들이 『맹자』를 읽을 당시 사정은 어떠했을까? 그들은 어릴 적부터 한문을 읽혔으므로 일정 나이에 이르면 문장을 줄줄 읽어 냈을 것이다. 그런즉 『맹자』도 어렵지 않게 읽자마자 무슨 뜻인지 다 알아차렸으리라 예상할 수 있을까?

　예상은 전혀 사실이 아니다. 당대의 최고 학자들도 『맹자』를 비롯해서 처음에 동양 고전을 앞에 놓고 한숨을 푹푹 쉬고 책을 던져 버리고 싶은 충동을 느꼈던 것으로 보인다. 조선의 내로라하는 인물을 통해 그들이 『맹자』 읽기에 얼마나 힘들어 했는지 알아보자.

　먼저 임진왜란 당시 발로 뛰면서 전황을 독려한 유성룡柳成龍 (1542~1607)도 『맹자』와 관련해서 많은 이야기를 남겼다. 『서애집 西厓集』 「연보」에 따르면, 그는 4살 때부터 책을 읽기 시작했다. 8살 때 『맹자』를 처음 읽었는데, "백이伯夷는 눈으로 나쁜 색을 보지도

西애 유성룡의 문집

유성룡은 임진왜란을 수습하는 데에 공을 세웠고 전후에 『징비록懲毖錄』을 지어서 실패의 교훈을 얻고자 했다. 오늘날 안동 하회마을 근처에 있는 병산서원을 찾으면 그의 자취를 느낄 수 있다. 그도 『맹자』를 읽느라 고생을 했다.

西厓先生文集卷一

백이와 숙제는 고죽국孤竹國의 왕자였다. 둘은 왕위를 이을 후계자였지만 아버지가 동생을 자신들보다 더 사랑하자 왕위에 대한 미련을 버리고 조국을 떠났다. 그들은 수양산에서 고사리를 캐먹으며 일생을 보냈다. 훗날 공자는 백이와 숙제가 통 큰 양보를 하고서도 조금도 후회를 하지 않았다는 점에서 위대한 사랑을 펼친 인물로 평가했다. 사마천은 백이와 숙제를 열전의 첫 번째 인물로 삼을 정도로 두터운 애정을 드러냈다.

않고, 귀로 나쁜 음악을 듣지 않았다."[41]라는 한 구절을 보자 새로운 세계가 열리는 체험을 했다.

유성룡은 얼마나 감동을 받았는지 자나 깨나 그 구절을 생각했으며, 급기야 백이를 자신의 롤 모델로 삶아서 그와 똑같은 사람이 되고자 했다. 백이는 가만히 앉아 있으면 왕이 될 사람이었지만 아버지가 막내를 더 사랑하자 미련 없이 왕위를 던진 인물이었다.

아마 그 당시 유성룡은 『맹자』를 전체로 꿰뚫지 못하고 아이

---

41)「만장」하1: 伯夷, 目不視惡色, 耳不聽惡聲.(박경환, 245)

의 지적 단계에서 이해할 수 있는 부분에 깊은 울림을 느꼈을 것
이다. 그러다가 19살 때에 큰 결심을 했다. 아마 『맹자』와 사생 결
단을 내기로 작정한 모양이었다. 그는 『맹자』 한 질을 가지고 오
늘날 서울의 관악산으로 들어가 몇 달을 지냈다. 큰 절로 가면 이
런저런 사람들로 소란스러울 듯해서 밥 짓는 아이를 데리고 폐암
廢庵에 거처를 마련했다.

　그런데 낯선 젊은이의 출현을 반기지 않는 사람이 있었다. 그
는 밤중에 유성룡이 머무는 폐암의 벽을 툭툭 쳐서 소리를 냈다.
깊은 밤의 고요한 산에 울리는 '툭툭'하는 소리, 보통 사람이라면
기절초풍했을지 모른다. 하지만 유성룡은 아무 소리도 듣지 못하
는 듯 태연했다.

　어느 날 밤에 한 스님이 유성룡 앞에 불쑥 나타나서 깊은 산
속에서 도적이 무섭지 않느냐고 물었다. 그는 침착하게 대답했다.
"사람의 일은 헤아릴 수가 없고, 당신이 도적이 아니라는 것을 어
떻게 아느냐?" 그 스님은 청년 유성룡의 기개에 감탄하며 큰 인물
이 될 거라 말하기도 했다.[42]

　당시 유성룡은 『맹자』를 스무 번이나 되풀이해 읽어서 처음부
터 끝까지 줄줄 외우게 되었다. 산을 내려와 서울에 와서도 다른
일에 신경을 쓰지 않고, 『맹자』 첫 편 「양혜왕」에서 마지막 편 「진

---

42) 『서애집』 「연보」 권1: 夜有僧遽前謂曰: 獨棲空山, 不畏盜耶, 先生笑曰: 人固不可測, 安知汝之不爲
盜也. 「연보」에 따르면 이 일화는 유성룡이 19세 때의 일이다.(한국고전종합DB)

심」까지 모두 마음에 뚜렷하게 새겨지도록 되읽었다. 훗날 유성룡은 19세에 더 많은 시간을 들여서 『맹자』를 포함해 『대학』, 『중용』, 『논어』 등 고전을 백 번 읽지 못한 것을 후회했다. 그는 "만약 그렇게 했더라면 성취한 것이 지금처럼 데면데면하지 않았을 텐데."라고 그 시절을 회고했으며, 이미 19세에도 『맹자』를 암송하여 기억을 했지만, 그 정수와 핵심을 파악하지 못했다고 자평하기도 했다.[43] 젊어서 '맹자 이십 편'을 했지만 '맹자 백 편'을 하지 못한 것을 두고 아쉬워했던 것이다.

병자호란 이후 효종孝宗(재위 1649~1659)과 함께 정국을 주도했던 송시열宋時烈(1607~1689)에 이르면 '맹자 백 편'은 더 이상 명함도 내밀지 못하게 된다. 송시열은 반복 읽기의 횟수를 기하급수적으로 올려서 '맹자 천 편'의 주인공이 되었다. 그는 아마도 『맹자』읽기의 세계적인 종결자라고 할 수 있을 것이다. 『송자대전宋子大全』「어록」을 보면 '맹자 천 편'은 주위 사람들도 믿기 어려웠던 모양이다. 어떤 사람이 송시열에게 사실이냐고 직접 물어보기까지 했다.[44]

송시열은 이 물음을 받고서 싱긋이 웃으면서 자신의 경험을 털

---

43) 『서애집』 권12 「기제아寄諸兒」: 至今每恨其時不得更加歲月之功, 遍讀四書百餘遍. 若是則所就必不至如今日之碌碌.

44) 『송자대전 부록』 권17 「어록」(崔愼錄): 問人言先生讀孟子千遍, 未知是否. 先生微笑曰: 余讀孟子千遍, 而初二數篇, 一生所誦者也, 不知其幾千遍也.

효종의 영릉(여주시 능서면 왕대리 소재)

송시열의 초상과 올림픽국민기념관(서울 종로구) 옆의 '증주벽립' 글씨

효종과 송시열은 서로 필요로 했지만 서로를 자기 쪽으로 끌어들이느라 완전한 호흡을 일구지 못했다. 양자가 태종과 정도전처럼 화학적 결합을 이루어 냈더라면 전후의 복귀와 미래의 설계가 어떤 모습으로 이루졌을지 상상해 본다. '증주립벽曾朱立壁'은 증자와 주자의 뜻을 이어받아서 받들겠다는 뜻이다.

정조와 주희의 초상

정조는 학문을 좋아하는 호학 군주이자 조선 후기의 사회적 폐단을 해결하려 한 개혁 군주로 알려져 있다. 그는 학문 방법과 도덕 이론의 측면에서 주희를 신봉하여 주자의 눈으로 세상을 보려고 했다.

어 놓았다. 그는 실제로 '맹자 천 편'을 했고 『맹자』의 처음 두 편은 천 번이 아니라 몇 천 번을 읽었는지 모를 정도여서 평생 줄줄 외운다고 말했다. 아울러 그는 어릴 적의 다른 독서 경험을 이야기했다. 9세에 역사 관련 서적 한 권을 백 번 되풀이해서 읽으니, 문리가 트이고 두 번째 권을 읽을 때 다른 사람에게 물어볼 게 적어졌다. 그 이후로는 문장을 짓기 시작했다고 한다. 송시열은 기본적으로 시간을 들여서 암송해야만 본령이 생긴다고 보았다.

조선시대 호학 군주를 말한다면 후기 르네상스를 이룬 정조 (재위 1776~1800)를 빼놓을 수 없다. 그는 당대의 학자에게도 결코 뒤지지 않는 학식을 쌓아서 촉망받는 신진 관료를 직접 가르치기 까지 했다. 정조도 책 읽기라면 누구에게도 뒤지지 않았다. 그는 스스로 『맹자강의孟子講義』 네 권을 편찬할 정도로 『맹자』를 깊이 연구하고 음미하는 데에 특별한 노력을 기울였다. 그가 『맹자』를 읽을 때 주희朱熹(1130~1200)의 독법을 지침으로 삼았다.

그의 독법의 다음과 같다. "맹자는 내용이 분명하고 친절하여 의심할 만한 부분이 없다. 하지만 매일매일 숙독熟讀해서 그것을 내 배(가슴) 속에 자리하도록 먼저 수백 수천 번을 읽고, 끝나 다시 읽으면 저절로 정통해진다."[45] 정조는 주희의 책 읽기 방법을 바탕 으로 『맹자』를 읽으면서 차기箚記, 즉 독서 노트를 책 상자에 담아 두었는데, 그것도 엄청난 분량으로 쌓이게 되었다.

정조의 이러한 독서법은 『맹자』만이 아니라 주희의 사상을 이 해하는 데에도 그대로 적용되었다. 그는 『주자절요朱子節要』를 읽 으면서 "한 편을 읽을 때마다 반드시 수십 번씩 읽었고, 한 권이 끝 날 때마다 반드시 앞에서 끝까지 실마리를 찾아가며 한 책씩 마쳤 다. 전질을 이렇게 다 읽고 나서 그 가운데서 정수만을 뽑아서 3책 의 『자양자회영紫陽子會英』을 만들었다.

---

45) 『주자어류』 권19 「논어 어맹강령語孟綱領」: 孟子之書, 明白親切, 無甚可疑者, 只要日日熟讀, 須 敎它在吾肚中, 先千百轉, 便自然純熟.

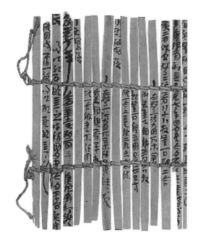

죽간으로 된 책

대나무를 묶은 끈이 마찰에 약해서 쉽게 끊어지게 되어있다. 그렇다고 공자의 책 읽기를 가볍게 여길 수는 없다. 횟수보다도 반복적 독법을 통한 창조적 사유를 해나갔던 공자에 주목하자.

우리는 책을 많이 읽은 고사로 공자의 '위편삼절韋編三絕'을 말한다.[46] 알고 보면 위편삼절은 어렵지 않다. 공자 당시는 종이가 아니라 대나무 쪼가리에서 글씨를 쓰고 대나무에 구멍을 뚫고서 가죽 끈으로 묶었다. 그것이 바로 '冊'(책)이라는 한자 모양을 그대로 닮았다. 대나무를 넘기면 대쪽끼리 마찰이 생겨나 가죽 끈이 끊어지기 쉬운 것이다. 오늘날에도 책을 복사해서 접착제로 제본하면 처음에는 튼튼하다가 시간이 지나면 제본이 약해져서 책이 너덜너덜해지는 것과 비슷하다.

위편삼절은 그만큼 많이 읽었다는 데에 초점이 있다. 공자의

46) 『사기』「공자세가」: 孔子晚而喜『周易』……讀『周易』, 韋編三絕.(정범진 외, 4: 448)

'3'이라는 숫자는 유성룡에 이르러 '10'으로 늘어났다가 다시 송시열에 이르러 '1000'으로 늘어났다. 호기심이 강한 사람은 그들이 과연 그 숫자만큼 읽었을까 궁금해 할 수 있다. 그러나 초점은 숫자 자체보다도 어렵다고 팽개치지 않고 이해할 때까지 책을 놓지 않고 물고 늘어졌다는 데 있다.

현대인은 다들 바쁘다. 아무 좋은 책이라도 천 번을 읽기란 쉽지 않다. 사상가가 되지 않는다고 하더라도 우리가 인생 전체에서 '3'이든 '10'이든 '1000'이든 어떤 책을 환히 이해할 때까지 읽은 게 없다면, 변변한 변명은 쉽지 않을 것이다.

주희도 유성룡도 송시열도 정조도 『맹자』를 한 번 보자마자 바로 이해한 것은 아니다. 오늘날 우리가 아무리 바쁘고 힘들다고 한들 정조도 결코 이에 뒤지지 않았을 것이다. 그도 할 일이 많아서 바쁘고 진 짐이 무거워서 마냥 힘들어했다. 그런 생활 중에서도 그는 손에서 책을 놓지 않고 되풀이해서 읽었으며, 다시 읽은 것을 정리하여 자신의 직분 속에서 탁월하게 수행해 내려고 했다. 이제 우리는 단 한 번 들추고서 끝까지 읽지도 않은 채 어렵다는 이유로 책을 집어던지고는 여전히 당당할 수 있을까?

진심의 리더십

철학을 배우려고 하면 보통 철학사부터 읽으라고 한다. 어떤 인물들이 무슨 말을 했는지 알아야 철학을 두고 이야기가 가능해진다고 생각하기 때문이다. 철학사 읽기는 기업의 재고 조사와 닮았다. 기업은 상품 진열대 위의 광고 제품만을 만들어 파는 것이 아니다. 잘 팔리는 것도 있고 잘 팔리지 않는 것도 있다. 그러니 창고에 도대체 무슨 제품이 남아 있는지를 파악해야 다음에 무엇을 만들지 가닥을 잡을 수 있다.

하지만 재고 조사가 귀찮고 따분하듯이 철학사 읽기도 마찬가지이다. 난생 처음 들어보는 인물들이 철학사 책에 빼곡하게 자리 잡고 있고, '내'가 보기에 별 차이가 없는 개념과 사상을 두고 '그

노수신의 유배지였던 수월정

노수신은 을사사화(1565~1567)에 연루되어 20여 년의 유배 생활을 했는데, 충북 괴산의 수월정水月亭은 그의 마지막 유배지였다.

네들'은 치열하게 논쟁을 벌이고 있다. 조금 읽다 보면 나는 아주 색다른 별천지에 온 느낌을 받곤 한다. 어쨌든 한 사상가의 출현과 특징을 알기 위해선, 재고 조사가 건너뛸 수 있는 성질의 것이 아니듯, 철학사의 흐름을 간략하게 살펴보지 않을 수 없다.

철학사 읽기에서 『맹자』 읽기가 빠질 수 없다. 『맹자』를 읽지 않는다면 맹자의 사상만이 아니라 주자의 성리학도 제대로 이해할 수 없다. 조선 연산군 시절에 『맹자』 읽기를 둘러싼 흥미로운 사건이 있었다. 연산군 3년(1497)에 채윤공蔡允恭의 고양 군수 임명을 두고 대간臺諫과 영의정 노수신盧守愼(1515~1590)의 주장이 엇갈렸다.

대간은 채윤공이 글을 읽을 줄 모르니 목민관으로 부임할 수 없다고 주장한 반면, 노수신은 글을 읽지 못해도 자질이 있으면 수령이 될 만하다고 주장했다. 결국 연산군은 대간의 탄핵을 받아들여서 채윤공에게 책을 읽게 했다. 시험의 첫 번째 책이 『맹자』였다.[47]

그는 『맹자』를 읽게 했더니 한문의 끊어 읽기도 제대로 못하고, 『경국대전經國大典』을 읽혀도 이해하지 못하고, 마지막으로 '칠사七事'를 물어도 뭘 말하는지 이해하지 못했다. 칠사는 수령이 임금에게 하직 인사를 하고 임지로 떠날 때 외웠던 일곱 가지 항목을 말한다. 즉, "농사와 누에치기가 잘 되는가, 인구가 늘었는가, 학교가 잘 돌아가는가, 군정이 정비되었는가, 부역이 고른가, 송사가 간결한가, 범죄가 끊어졌는가"[48] 등을 이른다.

채윤공은 『맹자』를 비롯하여 세 가지 테스트를 통과하지 못해

---

47) 『연산군 일기』 3년 7월 14일: 召高陽郡守蔡允恭于承政院, 講『孟子』伯夷目不視惡色章, 頓讀曰頓, 汗讀曰汗, 洗與薄讀曰免簿, 而又不能句讀, 講『大典』兩處皆不(鮮)[解]. 傳曰: "雖儒者, 或有不解之字, 況本非儒者乎? 今若不遣, 則有妨仕路. 若眞庸劣, 自有殿最, 其遣之." 7월 27일: 司諫洪湜, 掌令姜謙權論允恭不學, 不宜臨民, 王曰: "衆議如此, 其遣之. 且時任守令如允恭者, 摘發遣之." 下書論諸道監司曰: 近者以蔡允恭爲高陽郡守, 臺諫劾其不學, 故試講『孟子』, 讀不能句, 又講『大典』, 多不曉解, 至於七事, 亦未知其方, 不可委以臨民重寄, 今已遣之矣. 慮或道內守令亦有如允恭者, 暗於字牧, 以病吾民, 卿體予至懷, 其不堪任者, 詳審錄啓.(한국고전종합DB) 번역문도 한국고전종합DB에서 확인할 수 있다.

48) 農桑盛, 戶口增, 學校興, 軍政修, 賦役均, 詞訟簡, 姦猾息.

서 고양 군수로 나아가지 못했다. 연산군은 채윤공의 일을 기회로 수령 중에 소임을 감당하지 못하면서 자리를 차지하고 있는 자가 있는지 조사하여 보고하라는 명령을 내렸다.

『맹자』는 왜 이렇게 목민관의 자질을 테스트하는 기준으로 쓰일 정도로 주목을 받았을까? 『맹자』는 공자의 『논어』처럼 문장이 뚝 끊어지지 않고, 하나의 스토리를 중심으로 죽 이어진다. 이 때문에 한문을 배울 때 『맹자』부터 읽으라고 하는 것이다. 아울러 철학사의 맥락에서 보면, 맹자는 '마음 심心'을 철학의 주제로 삼는 최초의 사상가라고 할 수 있다. 이처럼 맹자는 철학사의 자원을 잘 활용하여 '마음 철학'이라는 새로운 판을 짰다는 점에서 IT업계의 스티브 잡스에 비유할 만하다.

맹자 이전에 심 개념이 없었다거나 심을 두고 논의가 펼쳐지지 않았다는 말은 아니다. 이전 사람들도 마음이 아픈 줄도 알고, 남의 마음도 얻어야 한다고 생각했다. 다만 그들은 마음이 몸과 관련해서 사람에게 얼마나 중요한지를 제대로 알아차리지 못했던 것이다.

두 회사가 신제품 개발을 두고 치열하게 경합을 벌이는 중에 한 회사가 새 제품을 들고 나와서 히트를 쳤다. 알고 보니 다른 회사도 기획 단계에서 검토했던 안이었지만 채택하지 않는 제품이었다. 이 경우 한 회사는 새로운 안의 가능성을 미리 내다본 것이고 다른 회사는 그 가능성을 파악하지 못한 것이다.

그렇다면 맹자는 도대체 왜 이전에는 주목하지 않았던 마음에 눈길을 돌렸던 것일까? 그는 두 가지 이유에서 이전 사상가들이 눈여겨 보지 못했던 마음을 포착할 수 있었다. 첫째, 사람들은 깨어나서 잠들기까지 끊임없이 행위를 한다. 사람들은 도대체 무엇에 끌려서 수많은 행위를 하게 되는 것일까? 공자는 사람의 행위에서 지식이 중요하다고 보았다. 지식이 풍부한 사람이라면, 때로 세련되고 우아하며 때로 단호하며 엄격하게 처신한다. 반면, 지식이 부족한 사람이라면, 우아해야 할 때 볼품이 없고 엄격해야 할 때 물렁하게 굴게 된다. 따라서 공자는 사람이라면 자고로 배워서 자신이 어떤 상황에서 어떻게 처신해야 하는지를 알아야 한다고 강조했다.

둘째, 맹자도 지식이 중요하다고 보았다. 하지만 그 지식은 책에 적혀있고 어른이 들려주는 이야기에만 있는 것이 아니다. 오히려 중요한 지식은 모두 마음에 뿌리박고 있다고 보았다. "군자가 사람의 참다운 본성으로 여기는 것은 사랑, 도의, 예의, 지혜 네 가지인데, 이는 모두 마음에 뿌리박고 있다. 본성은 밖으로 비치게 되는데, 해맑게 얼굴에 드러나고 등에 가득 차며 팔과 다리로 뻗어 나간다. 이처럼 팔과 다리는 말이 없어도 스스로 알아차리게 된다."[49]

---

49) 「진심」상21: 君子所性, 仁義禮智根於心, 其生色也, 睟然見於面, 盎於背, 施於四體, 四體不言而喩.(박경환, 334)

이처럼 맹자는 중국 철학사에서 처음으로 마음이 밖으로 환히 드러나면 사람이 그것을 읽을 수 있다는 점을 뚜렷하게 말했다. 이에 사람은 대나무 죽간이나 비단에 쓰인 문자만이 아니라 마음에서 나와서 신체(몸)에 드러난 또 하나의 문자를 읽을 줄 알아야 한다.

거짓말을 할 줄 모르는 사람이 거짓말을 하면 얼굴이 빨게 지고 말을 더듬고 행동이 어설프게 된다. 이때 우리는 거짓말하는 사람에게 "얼굴(몸)에 쓰여 있는데 거짓말하려고 애쓰지 말라!"고 말한다. 이렇게 맹자는 마음-몸의 언어를 알아차린 것이다. 그렇다면 우리는 마음-몸의 언어를 읽기만 하면 다 되는 것일까? 그렇지 않다. 우리는 '마음-몸'의 언어가 가리키는 방향을 인지하지만 그대로 따라 하지 못하는 경우가 있다. 또 어떤 사람이 자신은 마음-몸의 언어를 읽고서 그대로 한다고 말하지만, 다른 사람이 보면 마음-몸의 언어를 왜곡해서 달리 행동하는 것으로 보인다. 이처럼 알고도 못하거나 잘못 알고서 그대로 하는 경우가 있기 때문에 마음-몸의 언어를 읽는 것만으로는 부족하다.

이와 관련해서 우리는 『맹자』의 서두를 장식하는 맹자와 양 혜왕의 대화에 귀를 기울일 만하다. 당시 양 혜왕은 동쪽 제나라와 싸우다가 큰 아들을 잃었고, 서쪽 진秦나라에 패해서 700리의 땅을 잃었고, 남쪽 초나라에 패해서 치욕을 당했다.[50] 이렇게 양 혜왕은

---

50) 「양혜왕」 상5: 及寡人之身, 東敗於齊, 長子死焉. 西喪地於秦七十里. 南辱於楚, 寡人恥之. 願比死者壹洒之, 如之何則可?(박경환, 38)

이 나라에게서 얻어터지고 저 나라에게서 깨치는 동네북과 같은
신세였다.

양 혜왕은 연거푸 당한 치욕을 갚기 위해서 자신의 백성들에
게 나름대로 노력했다. 하내河內 지역에 흉년이 들면 그곳의 주민
을 하동河東으로 옮기고, 떠나지 못한 주민을 위해 곡식을 배급했
다. 하동 지역에 흉년이 들어도 하내 지역에 했던 것처럼 똑같이
했다.[51] 양 혜왕은 이런 노력을 통해서 다른 나라의 백성들이 줄어
들고, 자기 나라의 백성이 늘어나기를 바랐다. 하지만 현실에서는
아무런 변화가 없었다. 양 혜왕으로서 결코 이해할 수 없는 사태였
다. 즉 "자신은 나라를 다스리면서 온 마음을 다하고", "이웃 나라
의 정치를 살펴봐도 자신처럼 마음을 쓰는 자가 없지만"[52] 그가 바
라는 일이 일어나지 않는 것이다.

맹자의 말대로 양 혜왕도 마음에 없는 짓을 한 것이 아니라 마
음-몸에서 생기는 대로 구휼 정책을 펼친 것이다. 하지만 양 혜왕
의 마음이 도대체 어떤 마음이냐, 라는 것이다. 양 혜왕은 자신의
복수를 위해서 백성들의 협조를 절실히 필요로 했다. 이 때문에 흉
년에 시달리는 백성을 구휼한 점에서 선량하다고 할 수 있지만, 그
의 모든 행동은 복수와 연결되어 있었다. 즉, 복수를 위해서 백성

---

51) 「양혜왕」 상3: 寡人之於國也, 盡心焉耳矣. 河內凶, 則移其民於河東, 移其粟於河內, 河東凶亦
然.(박경환, 33)

52) 「양혜왕」 상3: 寡人之於國也. 盡心焉而矣. …… 察鄰國之政, 無如寡人之用心者.(박경환, 33)

을 구휼한 것이지 백성을 사랑해서 그들을 구휼한 것이 아니었다.

양 혜왕은 백성을 목적이 아니라 수단으로 대우했다. 이런 점에서, 그의 조치는 마음에서 나온 것은 맞지만, 때 묻은 마음에서 나온 것이었다. 즉, 그가 진심盡心을 했다고 하지만, 그 마음은 진심眞心(참된 마음)이 아니라 진심塵心(때 묻은 마음)이었던 것이다. 그렇기 때문에 양 혜왕은 자신의 뜻대로 되지 않자 화를 참지 못하고 성을 내고 마는 진심嗔心을 가지게 되었다.

맹자는 사람이 참마음이 몸으로 드러난 것을 읽어서 그대로 행동할 때 자신과 주위 사람을 따뜻하게 할 수 있다고 보았다. 그렇지 않으면 자신이 아무리 진심眞心이라고 하더라도 다른 사람은 그게 진심塵心인 줄 알고 있기 때문에, 그 사람에게는 다가가지 않고 협조를 하지 않게 되는 것이다.

맹자의 정전제는 완전 고용이다

지난 대선(2012년)에서 '복지'는 핵심 의제 중의 하나였다. 모든 사람이 다 잘산다면 굳이 복지를 이야기할 필요가 없다. 개인이 버는 수익만으로 사람답게(?) 살기가 충분하지 않기 때문에 소득의 재분배를 통해서라도 많은 사람이 잘사는 사회를 만들어 보자는 것이리라.

　『맹자』라는 말을 들으면 많은 사람들은 맹자가 본성이 착하다는 '성선性善'을 역설했으리라 생각하지만, 그는 실제로 오늘날 정치인 이상으로 복지에 관심이 아주 많았다. 성선은 맹자가 가꾸고자 한 세상을 위한 출발점일 뿐이었다. 우사인 볼트가 세상에서 제일 빠른 사람이라고 해도, 그가 출발점에서 앞으로 걸음을 옮겨야

빠른지 어떤지 알 수 있듯이, 성선도 마음에만 자리한 것으로는 충분하지 않고 마음 밖으로 드러나야 한다.

학창 시절 학예회를 생각해 보자. 평소 실컷 연습했지만 무대에 올라갈 순간이 되어도 '나'는 쭈뼛쭈뼛한다. 거창하게 무대 공포증이라고 할 것까지는 아니더라도 실력을 갖추었지만 남 앞에 서기가 쉽지 않다. 성선도 의식으로 나타나서 행동으로 드러난다면, 이 세상에는 아무런 불의와 부정 그리고 전쟁과 갈등이 없을 것이다. 사람에게 성선이 있음에도 불구하고, 사람이 모여 사는 사회는 왜 성선이 꽃을 피우지 못하는가?

맹자는 바로 이 문제를 오늘날 복지 논쟁과 연결될 수 있는 항산恒産, 항심恒心, 망민罔民 등의 주제로 풀어 나갔다. 맹자는 "가만히 있어도 모든 일이 잘 될 거야!"라는 신비주의자나 낙관주의자가 아니었다. 그는 "어떻게 해야 성선을 왜곡되지 않게 끌어낼 수 있을까?"라며 현실적 방안을 강구했던 사회과학자라고 할 수 있다.

그는 자신이 했던 다양한 관찰을 늘어놓았다. 같은 사람이라도 한 해의 농사가 풍년이냐 흉년이냐에 따라서 하는 짓이 다르다. 풍년이 들면 사람이 여유로워지고 자신의 것을 남과 나누려고 한다. 반면, 흉년이 들면 사람이 포악해지고 남의 것을 빼앗으려고 한다.[53]

---

53) 「고자」 상7: 富歲, 子弟多賴. 凶歲, 子弟多暴. 非天之降才爾殊也, 其所以陷溺其心者然也.(박경환, 276~277)

맹부孟府의 서과원과 맹림孟林의 전경

맹자의 후손들이 생활했던 서과원西跨院과 맹림의 전경을 비교해 보면 한눈에도 그 느낌이 다르다. 전자는 꽃이 피고 새가 지저귀는 안정된 공간이라면, 후자는 바위산에다 듬성듬성 나무가 서 있는 사이로 무덤과 비석이 있는 황량한 공간이다.

맹자는 우산牛山이 변해 가는 모습을 눈여겨보고서 이야기를 끄집어 낸 적이 있다. 옛날에 우산은 나무와 풀로 우거져서 보기에 매우 아름다웠다. 하지만 큰 나라가 그 지역을 차지하게 되자 사람들이 도끼를 가지고 나무를 베어 내기 시작하니 얼마 가지 않아 민둥산이 되어 버렸다.[54]

맹자는 농사와 우산의 이러한 사례를 통해서 본성과 환경의 상관성을 이야기하고 싶었다. 사람이 성선을 가지고 태어났다고 하더라도 환경이 좋지 않으면 성선은 제 힘을 발휘하지 못한다. 이를 두고 성선이 원동력이기는 하지만 무기력하지 않은가, 라는 의구심이 생겨날 수 있다. 맹자는 이와 관련해서 성선이 발휘되지 못한다고 하더라도 그것은 성선의 잘못이 아니라 환경의 문제라고 보았다.

이러한 사유의 밑바탕에는 암암리에 식물 생장의 비유가 깔려있다. 이를테면, 씨앗을 뿌리더라도 잘 가꾸면 결실이 많지만, 제대로 가꾸지 못하면 소득이 없을 수 있다. 또 추위가 오래가거나 가뭄이 든다면 씨앗은 싹을 틔우지 못할 수도 있다.

성선은 기본적으로 우호적인 환경뿐만 아니라 자연적인 성장이 지속되기 위한 적절한 배양을 필요로 한다. 맹자는 이와 관련해서 송나라 농부의 우화를 소개한다.

---

54) 「고자」상8: 牛山之木嘗美矣, 以其郊於大國也, 斧斤伐之, 可以爲美乎? …… 人見其濯濯也, 以爲未嘗有材焉, 此豈山之性也哉?(박경환, 279)

알묘조장의 일화

알묘조장揠苗助長은 '우물에서 숭늉 찾기'라는 우리 속담과 통한다. 결과를 빨리 보고 싶은 마음에 꼭 거쳐야 할 과정을 생략하게 되는 것이다. 연애든 공부든 사업이든 사람이면 다들 이런 경험 하나 정도는 있을 것이다.

오늘날 식으로 말해서, 어느 날 송나라 농부가 못자리의 모를 논에다 옮겨 심었다. 힘들지만 뿌듯했다. 모가 자라 나중에 밥을 지어먹을 생각에 행복해 했다. 그러나 이렇게 마음이 급하다 보니 논에 나와 바라봐도 벼는 자란 것이 없었다. 답답하던 차에 농부는 논에 들어가서 벼를 한 포기씩 한 포기씩 살짝 잡아당겨 주었다. 벼는 순식간에 몇 cm씩 자라는 것처럼 보였다. 고된 작업을 마치고 농부는 집으로 돌아와 아주 피곤해 하며 "벼가 자라는 것을 도 와주었다!"라고 말했다. 농부의 아들이 이 이야기를 듣고 논으로 달려가 보니, 벼는 전부 쓰러져 있었다.[55]

이 이야기가 바로 '알묘조장揠苗助長' 또는 '조장助長'이라는 고 사성어의 출처가 되는 곳이다. 벼를 뽑아서 자라는 것을 도와주었 다는 뜻이다. 조장은 글자 그대로 나쁜 의미가 아니다. 하지만 식 물의 성장을 기준으로 보면 식물의 생명을 해치는 것이 된다. 식물 은 자연의 시간에 따라 고유한 속도로 자란다. 사람이 자신의 욕망 을 집어넣어서 식물의 성장 속도를 인위적으로 조작하게 되면, 식 물은 제대로 자라지 못하고 시들어서 죽을 수도 있다.

이렇게 보면 성선은 좋은 사람이 되고 좋은 세상을 만드는 원 동력은 될 수는 있지만, 그 자체가 스스로 펼쳐 나가는 힘을 가지 고 있지 못하다. 이런 점에서 성선은 유일신의 의지와 다르다고 할 수 있다. 유일신은 사람과 세상이 해야 할 것과 하지 말아야 할 것 의 경계를 정해 놓을 뿐만 아니라, 사람과 세상이 자신의 뜻과 어 긋나게 된다면 심판까지 내릴 수 있다. 즉, 심판을 내려서 어떤 희 생이 생기더라도 사람과 세상이 자신의 뜻대로 진행되기를 강제할 수 있다.

반복하지만 성선은 우호적인 환경만이 아니라 적절한 배양에

---

55) 「공손추」 상2: 宋人有閔其苗之不長而揠之者, 芒芒然歸, 謂其人曰: 今日病矣, 予助苗長矣. 其子趨 而往視之, 苗則槁矣.(박경환, 84)

의존해야만 제 힘을 발휘할 수 있다. 이런 측면에서 맹자는 농부의 마음으로 성선의 씨앗이 결실을 맺을 수 있는 바탕을 강구하지 않을 수가 없었다. 그것이 바로 항심과 항산을 둘러싼 주장이다.

"일정한 일자리가 없더라도 일정한 마음을 지니는 것은 오직 사士만이 가능하다. 일반 서민의 경우 일정한 일자리가 없으면, 그로 인해 일정한 마음이 없어진다. 만일 일정한 마음이 없다면, 방탕하고 치우치고 간사하고 낭비하는 짓을 일삼게 된다. 서민이 죄에 빠지는 것을 기다린 다음에 그것을 좇아서 벌을 준다면, 그것은 서민을 물고기처럼 그물질해 잡는 것이다. 어떻게 자비로운 사람이 군주의 자리에 있으면서 서민을 그물질해서 잡을 수 있겠는가?"[56]

맹자는 사와 서민을 구분하지 않았다. 초점은 둘의 구분이 아니라 항산의 보장에 있다. 즉, 모든 서민을 사로 만들어서 항산이 없어도 되게끔 하는 것이 아니라, 항산을 마련해서 서민도 항심을 가질 수 있도록 하는 것이다. 아울러 맹자는 사람이 어쩔 수 없이 범죄를 저지르게 만들고 또 법의 심판을 받도록 한다면, 그 사태를 법치 국가의 완성으로 보지 않았다. 예컨대 영화 「레 미제라블」의 장발장이 빵을 훔치거나 산모가 아이의 이유식을 훔칠 경우, 그 범

---

56) 「양혜왕」상7: 有恒産者, 有恒心. 無恒産者, 無恒心. 苟無恒心, 放僻邪侈, 無不爲已. 及陷乎罪然後, 從而刑之, 是罔民也. 焉有仁人在位, 罔民而可爲也?(박경환, 46)

인을 잡아서 처벌하는 것보다 사람이 근본적으로 범죄를 저지르지 않는 환경을 만드는 것이 중요하다. 이런 맥락에서 보면, 맹자는 자베르 경감을 최악의 치자로 볼 수 있다. 아울러 그의 자살을 슬퍼하겠지만, 그것이 사단의 시비지심이 드러난 것이라 말할지는 모르겠다.

항심에 대해선 어렵게 생각할 필요가 없다. 기부를 예로 들 수 있다. 개인이든 기업이든 경제적으로 여유가 있을 때 기부의 대열에 참여한다. 경제적 상황이 나빠지게 되면 개인과 기업은 필수적인 용처가 아니면 지출을 줄이게 된다. 이때 기부나 교육 부분의 예산이 먼저 삭감되는 경우가 있다. 상황이 좋지 않으면 "나부터 살고 보자!"라는 판단이다. 이 자체를 탓할 수는 없다. 기부가 자발적인 행위인 만큼 강제할 수는 없기 때문이다.

하지만 상황이 나에게 불리하다면 도움을 필요로 하는 곳도 마찬가지일 것이다. 상황과 생색 때문에 일시적으로 주의를 기울이다가 어느새 흐트러지는 '변심變心'이라면, 어떠한 상황에도 변치 않는 '항심恒心'이라고 할 수 없다. 물론 맹자는 변심이 나쁘다는 게 아니었다. 변심하지 않을 수 있는 삶의 조건을 만드는 데 보다 주목했던 것이다.

맹자는 성선을 가능하게 할 삶의 조건을 왕도王道 정치로 규정했다. 오늘날 복지 국가의 의미와 크게 다를 바가 없다. 그가 말하는 복지는 참으로 간단하다. "산 사람을 돌보고 죽은 사람을 보낼

영화 「레 미제라블」(2012)의 포스터

소소한 잘못도 명백히 잘못이므로 그에 대한 책임을 끝까지 물을 수 있다. 그렇다면 거악에 대해서도 동일한 법을 적용하는가? 작은 범죄의 그물은 촘촘하고 큰 범죄의 그물은 느슨하다면, 「레 미제라블」의 주인공은 없어지지 않고 거악의 비리가 사라지지 않을 것이다. 한국인만이 아니라 세계인을 놀라게 한 세월호의 침몰도 무슨무슨 '마피아'라고 하는 힘 있는 자들의 불법과 탐욕을 제대로 비판하고 처벌하지 않아서 생겨났다고 볼 수도 있다.

때 하고 싶은 걸 하지 못해서 유감이 들지 않으면, 그것이 바로 왕도 정치의 시작이다."[57]

이제 우리는 맹자가 왜 정전제井田制의 회복을 말하는지 그 속뜻을 헤아릴 수 있다. 정전제는 토지를 '우물 정井' 자처럼 아홉 등분해서 여덟 곳은 사전으로 가운데 한 곳은 공전으로 삼는다.(정전

---

57) 「양혜왕」 상3: 養生喪死無憾, 王道之始也.(박경환, 34)

제의 형태는 183쪽 그림 참조) 사람들은 공전에서 일하는 것으로 세금을 대신했다. 이처럼 맹자는 모든 사람이 일자리, 즉 항산을 갖는 사회를 꿈꾸며 정전을 말했던 것이다. 맹자는 우리에게 묻는다. "당신의 공동체는 정전제를 충분히 마련하고 있습니까?"

맹자와 순자 중에
누가 공자의 후계자인가?

공자가 창시해서 후세에 계승된 학문을 가리키는 말로 여러 가지가 있다. 예컨대 유학儒學, 유교儒敎, 유가儒家 등이 있다. 이들은 의미상으로 크게 다르지 않지만 미묘한 차이를 지니고 있다. 이 중에 유교는 공자의 가르침을 주로 종교적 차원에서 지키고 따르는 흐름이라면, 유학은 그것을 시대에 따라 학문적으로 재해석하는 흐름이라고 할 수 있다. 유학자儒學者라는 말은 있지만 유교자儒敎者라는 말은 없다. 유학자를 줄여서 유자儒者라고 하고 일군의 유자를 유림儒林이라 부른다. 유가는 공자의 가르침을 법가와 도가처럼 다른 학파와 구분하여 말할 때 주로 쓰인다.

이렇게 공자의 가르침이 개인을 넘어서 여러 사람이 공유하게 되자 새로운 문제가 생겨났다. 같은 사람이라도 생김새와 사고가 똑같을 수는 없다. 마찬가지로 유가 내에도 공자의 가르침을 둘러싼 정체성 논의가 생겨나게 되었다. 공자는 한 사람이지만, 그의 가르침을 두고 다양한 분파가 생겨나게 된 것이다. 즉, "누가 공자의 가르침을 참으로 계승한 것이냐?"라는 논의다.

역사적으로 보면, 송나라 도학道學 또는 성리학性理學이 철학사의 주도권을 장악하면서 공자 사후에 맹자가 공자의 학설을 제대로 계승한 것으로 판명되었다. 조선의 경우도 마찬가지이다. 여말선초에 성리학이 전래되어 학계의 지배적인 자리를 차지하면서 맹자 중심의 철학사가 요지부동의 권위를 갖게 되었다. 성리학에서는 도통론道統論을 펼치면서 공자 학설이 누구를 통해서 어떻게 계승되어 가는지를 밝히고 있다.[58]

성리학자들은 왜 맹자를 공자의 계승자로 삼게 되었을까? 그 이유는 대략 두 가지로 정리될 수 있다. 첫째, 맹자의 성선설性善說이 성리학자들이 찾고 있는 도덕 근원의 문제를 해결해 주었기 때문이다. 성리학자들은 유일신을 믿지 않기 때문에 도덕의 근원을 인간의 외부가 아니라 내부에서 찾을 수밖에 없었다. 순자의 성악

---

58) 이런 도통론은 신화에서 신의 계보를 나열한 『신통기神統記』와 같다. 도통은 공자가 『논어』 제일 마지막 편과 맹자가 자신의 책 제일 마지막 구절에서 말한 뒤에, 당나라의 한유와 송나라의 유학자들이 제창하면서 움직일 수 없는 '진리'가 되었다. 오늘날 연구자 중에는 이런 도통에 갇혀서 철학사를 조망하는 사람도 있다. 현대적인 연구라면 이런 선입견에서 벗어나야 한다.

성균관 문묘 배향

성균관의 문묘에는 오성五聖, 공문십철孔門十哲, 송조육현宋朝六賢, 중국 역대제현歷代諸賢 94위, 우리나라 18현 도합 133위를 봉향하고 있다. 그들의 학문적 성취를 기리는 자리라고 할 수 있다. 맹자는 오성에 들었지만 순자는 끼지 못했다.

성설性惡說은 타락하고 부패를 저지르는 인간의 현실적 모습을 설명해줄 수는 있지만 도덕 사회를 일굴 근거를 제시하지 못했다.

둘째, 순자는 맹자에 비해 사회 제도의 비중을 높이 쳤을 뿐만 아니라, 한비韓非, 이사李斯의 스승으로 알려졌기 때문이다. 선진시대만 해도 법가, 도가, 유가 등의 제자백가들이 동등하게 경쟁했지만—시대마다 부침을 보이더라도—한 제국 이후로 유가가 학인들의 지지를 받았다. 때문에 순자는 법가가 아니었더라도 법가의 주요 사상가를 키워 낸 스승이 되는 셈이다. 도통론에 따르면 순자는 법가를 비판하고 공자를 옹호해야 한다. 하지만 이와 반대로 순자는 법가를 길러 낸 셈이니 좋은 평가를 받을 수가 없는 것이다.

그런데 성리학의 시각 또는 도통론의 관점을 잠시 내려놓는다면, 맹자와 순자 중 누가 더 공자 사상의 진수를 제대로 계승했다고 할 수 있을까? 이 문제를 공정하게 판정하려면 우리는 한 제국 이후가 아니라 제자백가들이 경쟁하던 선진시대의 시점에 서지 않을 수 없다. 먼저 맹자와 순자, 즉 문제의 당사자가 공자의 계승 문제와 관련해서 어떤 발언을 하는지 살펴보자. 그들이 공자의 후계자를 자처하지 않는다면, 우리는 문제 아닌 문제, 즉 사이비 문제를 풀려고 하는 꼴이 되기 때문이다.

맹자는 「진심」 하38, 즉 제일 마지막 장 마지막 구절에서 갑자기 훗날 도통론의 기원이 되는 이야기를 끄집어 냈다. 중원은 요순堯舜 임금으로부터 탕湯 임금까지 500년간 도道가 전승되었으며, 탕 임금으로부터 문文 임금까지 500년간 도가 지속되었고, 문 임금으로부터 공자까지 500년간 도가 전승되었다. 이렇게 도가 끊어지지 않고 계속 이어진 역사를 말했다.

이어서 공자로부터 맹자 본인이 살아 있는 지금까지 100년 남짓한 시간이 흘렀지만 "성인의 도를 이어갈 사람이 없으니 결국 그럴 사람이 없을 것인가?"라는 의문문으로 문장을 끝맺고 있다.

요, 순, 탕 임금의 초상

원래 요, 순, 탕 임금은 특정 부족의 우두머리였는데, 도통론이 등장하면서 중원 문화의
창시자가 되었다.

단정적이고 단호한 맹자의 성격과 글쓰기로 보면, 마지막 장 마지
막 구절은 상당히 파격적이라고 할 수 있다. 의문형의 종결은 그냥
물음을 던지는 게 아니라 강한 긍정에 다름 아니다. 즉, 맹자 자신
이 공자의 도를 이을 후계자로 자임하고 있는 것이다.

　이처럼 맹자는 누구의 동의를 받을 생각조차 하지 않고 혼자
서 대놓고 자신이 요순 임금으로부터 내려온 도의 역사를 짊어질
역군으로 자처하고 있다. 훗날 당 제국의 한유韓愈에서부터 송나라
성리학자들은 모두 맹자의 발언을 그대로 받아들여서 요순 임금의
도가 맹자에 이르러 뚝 끊어졌다가 당송시대에 다시 부활한 것으
로 보았다. 이러한 사유의 씨앗은 맹자가 제공했다고 할 수 있다.
이렇게 보면 맹자는 공자를 개인 차원에 그대로 놔두지 않고, 요순

시대로부터 이어지는 도통의 역사로 편입시키고자 은연 중에 공자와 자신을 연결시키고 있는 셈이다.

이제 순자의 시도를 살펴볼 차례이다. 맹자가 먼저 등장해서 자신과 공자를 연결시켰던 만큼 뒤에 나타난 순자의 시도는 훨씬 더 체계적이라고 할 수 있다. 먼저 『순자』의 첫 편 제목이 심상치 않다. 왜냐하면 첫 편의 제목이 배움을 권한다는 '권학勸學'인데, 이는 『논어』의 첫 편과 닮았기 때문이다. 아다시피 『논어』는 "배우고 때에 맞춰 익히다."[學而時習之]라며 '학' 자로 시작된다. 즉, 순자는 책의 편집마저 『논어』의 체제를 의식했던 것이다.

이어서 순자는 다음과 같이 풀어간다. "군자가 말했다. 배움은 그만둘 수 없다. … 군자가 널리 배우고 매일 자신을 여러 차례 되돌아 본다면 지혜가 밝아지고 행실에 잘못이 없을 것이다."[59] 이처럼 순자는 노골적으로 '공자 닮기'를 시도하고 있다. 마치 "내가 이렇게까지 공자와 똑같은데 맹자와 비교가 되겠느냐?"라고 말하는 듯하다.

순자는 여기서 그치지 않는다. 그는 한 걸음 더 나아가 맹자의 고갱이를 공격한다. 즉, 그는 맹자의 성선性善이 공자의 가르침과 일치할 수 없다고 주장했다. 성선은 인간이 도덕적으로 완전하다는 맹자의 야심찬 주장이다. 이 주장대로라면 사람은 성선을 자각

---

59) 「권학」: 君子曰: 學不可以已. … 君子博學, 而日參省乎己, 則智明而行無過矣.(이운구, 1: 33)

맹자성적도 중 「예폐하동禮廢賀冬」

맹자는 기원전 372년에 태어나 기원전 289년에 죽은 것으로 추정된다. 이에 따르면, 맹자는 84세의 수를 누려 공자보다 10여 년을 더 산 셈이다. 추나라 사람들은 맹자를 추모하기 위해 동지의 절일을 맞이하는 세시 풍속을 벌이지 않았는데, 이것은 점차로 하나의 풍습으로 굳어지게 되었다.

해야 하지만 도덕적 선을 학습할 필요가 없게 된다. 왜냐하면 사람은 본성적으로 날 때부터 선하므로 그것을 배울 필요가 없기 때문이다. 이런 결론을 좀 더 극단적으로 끌고 나가면, 맹자가 성선을 말하는 것은 결국 후천적 학습의 가치가 그렇게 중요하지 않다고 보는 셈이 된다.

『논어』를 보면 공자는 제자와 당시 사람들의 어떤 칭찬과 찬사도 받아들이지 않았지만, 스스로 '호학好學'을 자처했다. 즉, 다른 것은 자신보다 뛰어난 사람이 있을지 몰라도 '호학'만큼은 어느 누구에게도 뒤지지 않는다고 생각했던 것이다. 이처럼 공자가 배움의 가치를 강조하고 『논어』의 첫 편 첫 구절에 '학' 자가 나오는 것을 보면 맹자의 성선은 공자의 기본 가치와 잘 어울리지 않아 보인다. 지금까지 논의에 따르면, 춘추전국시대의 관점으로는 맹자보다는 순자가 공자 사상의 정수를 이어받은 것으로 보인다.

맹자의 도통론道統論과 순자의 호학론好學論은 모두 공자의 가르침으로 연결될 수 있다. 맹자와 순자는 『논어』를 읽으면서 각자가 중요하다고 생각한 것을 공자 사상의 핵심으로 보았기 때문이다. 어찌 보면 당연한 것이 아닌가? 맹자와 순자는 각자 자신이 중요하다고 생각하는 것으로 공자를 해석했기 때문이다. 그렇다면 판정은 후대의 시각도 아니고, 맹자와 순자의 주장도 아니다. 결국 공자 이후에 나타난 맹자와 순자를 어떻게 바라보느냐, 라는 우리 자신의 관점에 달려 있게 된다.

그럼에도 불구하고 우리는 객관점인 관점에서 맹자와 순자 중 누가 공자의 후계자인가, 라는 문제의 해답을 찾을 수 있다. 맹자는 사단四端 안에 측은지심과 시비지심을 한꺼번에 넣었다. 따라서 그는 지식을 본성 밖이 아니라 본성 안에 포함시킨 것이다. 순자는 사람의 본성이 악하지만 비교와 계산의 능력으로 악한 대로 행동하지 않는다고 본다. 따라서 그는 지식을 본성 밖에 있으면서 본성을 규제할 수 있는 것으로 보고 있다. 그렇다면 공자는 지식과 본성의 관계를 어떻게 바라보는 것일까? 이에 대한 답이 바로 공자의 후계자를 누구로 꼽느냐, 라는 질문으로 이어질 수 있는 것이다.

　　공자의 입장이 무엇인지 확인하기 이전에 우리 자신의 경험과 관점을 검토해 보면 된다. 본성이 감성적이지만 지식이 이성적이라면 지식은 본성 밖에 있는 것이다. 부끄러움의 감정이 단순히 정서적 반응에 그치지 않고, 어떤 상황에서 어떻게 해야 하는지를 지시하는 것이라고 한다면 감정과 지식은 출처가 같을 수가 있다.

　　사상과 종교만 시끄러운 것이 아니다. 식당을 비롯해서 산업과 기술 분야에서 '원조'와 '정통' 논쟁은 늘 뜨겁다. 양자를 만족시키는 순전한 객관은 없고, 각자의 주장만 난무한다. 이것은 결국 우리가 인간이기에 겪을 수밖에 없는 문제이다.

조심과 야기로 마음을 기르는 길

맹자는 인간의 본성이 착하다고 보았다. 성선性善이 현실화되려면 후천적으로 좋은 여건이 형성되어야 한다. 이 때문에 맹자는 일찍부터 정전제井田制라는 완전 고용을 강조했던 것이다. 즉, 사람이 기본적으로 먹고 살 수 있는 일자리가 있어야만 성선에 주목할 수 있기 때문이다. 당시는 농업 사회였던 만큼 농토를 가지면 일자리를 갖는 셈이었다. 농토가 없어서 먹고 살기 힘들어져 늘 악에 받쳐 사는 사람이라면 성선의 마음이 생긴다고 하더라도 그것에 주목하기 쉽지 않다.

정전제는 사회적 차원에서 성선이 현실화될 수 있는 우호적인 조건이라고 할 수 있다. 그렇다면 개인은 성선의 현실화를 위해서

할 수 있는 뭔가가 없을까? 있다면 무엇일까? 그것은 바로 수양修養이다. 수양은 인식과 다르다.

인식은 아직 밝혀지지 않은 대상의 정체를 밝히려는 인간의 지적 활동이다. 예컨대 눈앞에 있는 것이 돌인지 나무인지 정체가 드러나야만 그것으로 무엇을 할지 판단할 수 있다. 또 내 마음이 어디로 향하고 있는지 목적이 분명해야만 무엇을 어떻게 할지 결정할 수 있다. 이처럼 인식은 인식하는 주관과 인식되는 대상이 서로 숨바꼭질하듯 긴장 관계에 놓여 있다. 우리는 업무나 실험을 하다가 전혀 가닥이 잡히지 않을 때 머리를 감싸 쥐면서 "도대체 뭐가 뭔지 모르겠어?"라고 말하곤 한다. 이때 '모른다'는 말이 바로 대상이 나의 의식에 분명히 파악되지 않는 데에서 오는 고통을 나타내는 말이다.

반면, 우리가 대상이든 마음이든 그 정체가 드러나게 되면 더이상 두려워하지도 초조해 하지도 않는다. 이미 우리의 지성에 의해서 그 정체가 다 밝혀졌기 때문이다. 이때 "그런 걸 가지고 뭘 그렇게 머리를 싸매고 그래. 이봐, 이렇게 하면 되잖아!"라고 말한다. 대상이 다 파악되었기 때문에 우리는 대상에 대해 심리적으로 우위에 서게 되는 것이다.

수양은 아직도 밝혀지지 않는 정체불명의 것과 만남이 없다. 수양은 사람이든 동물이든 본성을 전제로 하고 있다. 본성이 바로 정체성이다. 맹자의 말대로 사람의 본성이 인의예지仁義禮智라고

맹묘의 고목

맹묘를 찾으면 우선 궐내에 하늘을 향해 뻗은 측백나무가 눈에 띈다. 나무가 땅에 뿌리를 깊이 박고 있기 때문에 수많은 세월을 견뎌 내고 있는 것이다. 나무를 보다 보니 이 나무들이 성선을 뿌리내리고자 했던 맹자가 아닐까, 라는 생각이 들었다.

한다면, 인의예지가 바로 사람의 정체성이다. 즉, 인의예지로 살면 사람이고 그렇지 않으면 사람답지 않은 것이다. 물론 본성이 무엇인지 알아야 한다. 이때 알아야 한다는 것은 완전히 새롭게 밝히는 것이 아니라 어렴풋하게나마 알고 있던 것을 완전하게 확인한다는 뜻일 뿐이다.

그렇다면 수양의 방향은 분명하다. 왜냐하면 현실의 사람이 살 수 있는 길이 두 가지밖에 없기 때문이다. 첫째, 본성대로 또는 본성에 부합해서 살아가는 것이다. 물론 본성대로 살아가는 삶에도 정도의 차이가 있을 수 있다. 이때 수양은 그렇게 살아가는 강도와 지속성을 더 키우는 방향으로 나아가게 된다. 본성과 완전히 일치하게 살면 성인聖人이고, 그 다음이 현인賢人이다.

둘째, 본성과 달리 또는 본성에 어긋나게 살아가는 것이다. 이때도 본성에 어긋나게 살아가는 데 정도의 차이가 있다. 이때 수양은 그렇게 살아가는 강도와 지속성을 훨씬 줄이는 방향으로 나아가게 된다. 끝내 본성과 완전히 어긋나게 살게 되면 흔히 흉악한 사람 또는 패륜아라고 말하듯이, 사람 같지 않고 짐승만도 못한 인물이 된다.

이처럼 수양은 본성과의 관계를 전제하고서 늘려야 할 것을 줄이기도 하고 늘리기도 하는 것이다. 훗날 이러한 수양은 기 수련, 연단煉丹, 호흡법, 명상, 좌선, 체조, 태극권 등 오늘날도 남아 있는 방식으로 구체화되었다. 맹자는 이렇게까지 구체적으로 설명하고 있진 않지만, 그 나름의 수양법을 제시하고 있다. 그의 수양법은 좋은 마음을 계속 있게 하고 본성을 더 키운다는 존심양성存心養性으로 압축될 수 있다. 그는 이 존심양성을 하늘을 섬기는 것과 연결시켜서 이야기한다.

> "마음을 완전히 다하면 본성이 무엇인지 환히 알게 된다. 본성이 무엇인지 환히 알면 하늘과 어떻게 이어져 있는지 이해하게 된다. 이렇게 마음을 계속 간직하고 본성을 잘 기르는 게 하늘이 부여한 일을 하는 길이다."[60]

중요한 결정을 앞두었을 때, 우리의 마음은 여러 갈래로 뻗어 나간다. 먼저 '하고 싶은 마음'과 '하고 싶지 않은 마음'이 있다. 더 나누면 하고 싶은 마음에도 지금 당장 하려는 마음과 좀 늦추려는 마음이 있고, 하고 싶지 않은 마음에도 한참 뒤에 하려는 마음과 아예 하지 않으려는 마음이 있다. 마음이 복잡해지면 자신도 무엇이 자기 본마음인지 알지 못하게 된다.

생각에 생각을 거듭하고 고민에 고민을 하다 보면, 곁가지를 잘라 내고 마음의 줄기를 잡게 된다. 그것이 진심盡心한 끝에 지성知性하게 되는 것이다. 그렇게 마음을 정하고 보면, 그 결정이 지금

---

60) 「진심」 상1: 孟子曰: 盡其心者, 知其性也. 知其性, 則知天矣. 存其心, 養其性, 所以事天也.(박경환, 319)

한 것이 아니라 그렇게 되도록 정해져 있었거나 뭔가 자신을 그 방향으로 가게 했다는 느낌이 들게 된다. 맹자는 그 느낌을 지천知天과 사천事天으로 말하고 있다.

이게 어렵다면 다른 사례를 생각해 볼 수 있다. 사춘기를 보내면서 자녀와 부모 사이가 나빠지는 경우가 많다. 자녀는 부모가 아무리 옳은 이야기를 해도 괜히 따르기 싫고 비딱하게 반응한다. 그렇게 한참 시간이 지나고서 자녀가 성인이 되어 혼자서 일을 결정하고 판단하다가 어느 날 문득 자신의 모습에서 부모의 모습을 찾는 경우가 있다. 이전에 그렇게 밀어 내려고 했지만, 의식하지도 못하는 사이에 자녀와 부모가 닮아 있는 것이다. 자녀가 자신 속에서 부모를 찾는 것이 바로 지천이자 사천이다.

그런데 우리는 모두 같은 사람이면서도 어떤 이는 자신 안에서 본성과 하늘의 목소리를 잘 찾아내서 그대로 행동하는데, 어떤 이는 그러지 못하는 것일까? 맹자는 이 문제와 관련해서 조심操心과 야기夜氣를 가지고 이야기를 풀어 나갔다.

예컨대 사람들이 땔감이나 목재를 위해 야산의 나무를 자주 베어 내면, 산은 언젠가 민둥산이 된다. 즉, 사람의 발길이 닿지 않는 밤 사이 나무가 아무리 자라나도 낮에 닿는 사람의 손길을 당해 낼 수가 없기 때문이다. 사람의 마음도 깊은 밤에는 착 가라앉아서 차분하지만, 낮에는 온갖 욕망으로 인해 뒤끓는다. 일이 잘 풀리지 않으면 낮의 마음은 짜증이 나고 부아가 치솟아서 흥분하기 일쑤

맹모림죠母林 맹자 부모의 합묘

맹자의 성장과 학적 성취에서 어머니는 주어로 등장하지만 아버지의 자리가 없다. 나는 "맹자가 아버지 없이 미혼모인 엄마의 손에서 자랐을까?"라는 의문을 가진 적이 있다. 묘를 찾으니 두 사람이 나란히 있다.

다. 시간이 지나고 나면 "내가 왜 그랬을까?"라고 후회하지만 당시는 그렇게 흘러갈 수밖에 없다.

여기서 맹자는 야기夜氣를 잘 돌보고 기르자는 제안을 한다. 낮에는 하는 일이 많아서 깜박깜박 잊어버리곤 하지만, 술 먹고 야심한 새벽에 깨어 냉수 한 잔을 마시고 나면 낮에 있었던 일이 주마등처럼 스쳐 지나간다. 의식이 또랑또랑해진다. 맹자는 이렇게 또랑또랑한 의식을 '야기'라고 부르고, 낮의 흐리멍덩한 의식인 '주기晝氣'과 구분한다.('주기'는 필자가 만든 말이다.) 이러한 야기를 잘 보존한다면 실수와 후회 없이 합당하게 살 수 있지만, "야기를 잘 보존하지 못하면 사람과 동물의 차이가 없어지는 것이다."[61]

다음으로 조심操心을 살펴보자. 조심은 글자 그대로 마음을 꽉 잡는다는 뜻으로 마음을 놓아 버린다는 방심放心과 반대가 된다. 겨울철 빙판길을 걸을 때 긴장을 늦추지 않고 한걸음 한걸음씩 가면 넘어지지 않지만, 성큼성큼 걷다 보면 "꽈당"하고 넘어지게 된다. 앞이 조심스런 걸음이고 뒤가 방심스러운 걸음이다.

같은 뜻인데도 우리의 조심을, 일본 사람들은 '용심用心'이라고 하고, 중국 사람들 '소심小心'이라고 한다. 용심은 데면데면하지 말고 신경을 써서 틀리지 않게 한다는 뜻이고, 소심은 간에 바람이 들어간 것처럼 건성건성 하지 말고 마음을 바짝 졸여서 하라는 뜻

---

61) 「고자」 상8: 夜氣不足以存, 則其違禽獸不遠矣.(박경환, 280)

이다. 흥미롭게도 세 나라 사람들은 같은 뜻을 다른 동사를 통해서 표현하고 있다. 은연 중에 민족적 특성을 드러내고 있는 것이다.

맹자는 조심을 말하고 있으니, 한·중·일 중에서 한국의 언어에 가깝다고 할 수 있다. 맹자의 관찰에 따르면, "생물은 자연과 사람의 적절한 보살핌을 받으면 어떤 것이라도 제대로 자라지 않는 것이 없다. 반면, 보살핌을 받지 못하면 어떤 것이라도 제대도 자라는 것이 있을 수 없다." 공자는 이를 간단한 구절로 말한 적이 있다. "마음을 잘 잡으면 계속 있지만, 놓으면 사라져 버린다. 마음이란 게 오고 가는 데 정해진 때가 없고 방향도 알 수 없다."[62]

다른 것과 뒤섞이지 않는 밤의 또랑또랑한 기운을 잘 키우고, 수시로 들고 나는 마음의 줄기를 다잡고 있다면, 지금의 '내'가 어디로 가는지 알게 되는 것이다. 지금 마음을 잡고 있나요, 놓고 있나요?

---

62) 「고자」 상8: 故苟得其養, 無物不長. 苟失其養, 無物不消. 孔子曰: 操則存, 舍則亡. 出入無時, 莫知其鄉. 惟心之謂與?(박경환, 280)

맹자와 상앙의 같은 고민과 다른 해결

제자백가라는 말 때문에 서로 접점 없는 평행선을 달렸으리라 생각할 수 있다. 그렇지 않았으면 괜히 다른 학파로 분류되었을까? 하지만 차이를 너무 신뢰하여 제자백가를 철천지원수처럼 생각할 필요는 없다. 공자와 손자의 사례에서 보이듯이, 두 사람은 무슨 일을 하더라도 무턱대고 덤벼드는 저돌적 유형을 비판하고, 일에 앞서서 온갖 대책을 강구하는 호모好謀의 측면에서 서로 닮았다.

맹자는 자신의 글에서 과거의 성인聖人과 공자를 제외하고서 양주와 묵적을 비롯하여 법가, 병가와 종횡가 등을 신랄하게 비판했다. 특히 그는 양주와 묵적을 각각 무군無君과 무부無父, 즉 제 나라 임금도 모르거나 제 어미 아비도 모르는 놈으로 날카롭게 비판

양주와 묵적 그리고 상앙의 초상

양주와 묵적 그리고 상앙은 모두 맹자의 사상 형성에 커다란 영향을 주었다. 맹자는 그들의 사상을 비판하면서 자신의 사상을 구축할 수 있었다. 전국시대가 각자 학파의 논리로 서로를 보지 않은 사상의 시대라고 생각한다면 착각이다.

했다.[63]

하지만 그러한 맹자도 법가의 상앙과 똑같은 고민을 했다. 맹자는 인의仁義를 최고 가치로 보고서, 인의가 사람 사이를 어떻게 소통시킬 수 있는지 그 길을 찾고자 했다. 상앙은 법法을 최고 기준으로 삼고서, 법이 사람 사이를 어떻게 규제할 수 있는지 그 방법을 찾고자 했다. 즉, 두 사람은 덕목 또는 규범이 어떻게 사람 사이를 제대로 규제할 수 있을까, 라는 같은 문제를 고민했던 것이다.

어렵게 생각할 필요가 없다. 부모가 아이를 잘 키우려면 어떻

63) 「등문공」하9: 楊氏爲我, 是無君也, 墨氏兼愛, 是無父也, 無父無君, 是禽獸也.(박경환, 161)

게 해야 할까? 어떤 이는 아무리 자기 자식이더라도 혼내야 할 때 따끔하게 혼내야 한다고 생각할 수도 있다. 어떤 이는 아이의 잘잘 못을 따지기보다는 아이를 무조건 사랑으로 감싸야 한다고 생각할 수도 있다. 양쪽 모두 아이가 잘 되기를 바라지만 어떤 것이 아이 에게 좋은 변화를 일으키게 될지 고민하는 것이다.

팀을 관리할 때도 마찬가지이다. 어떤 이는 팀원의 실수와 부주 의를 따끔하게 지적해야 한다고 주장할 수도 있다. 어떤 이는 가벼 운 실수를 너무 따지지 말고 큰 실무를 정확하게 따져야 한다고 주 장할 수도 있다. 이처럼 규정을 지키면서 업무를 효율적으로 처리 하려고 할 때 어떤 것이 유효한 리더십인지 고민하게 되는 것이다.

맹자와 상앙의 고민도 마찬가지이다. 각자 자신의 최고 덕목이 나 규범을 제시했을 때, 사람들이 그에 따라 동조를 하리라 생각할 수 있다. 이제 두 사람이 밤새워 고민하여 내놓았을 법한 결론을 살펴보기로 하자.

먼저 맹자의 생각을 살펴보자. 그의 가장 기본적인 생각은 이렇다.

"인정 있는 사람은 남을 사랑하고 예의를 차리는 사람은 남을 공경한 다. 내가 남을 사랑하면 남도 늘 나를 사랑하고, 내가 남을 공경하면 남도 늘 나를 공경한다."[64]

---

64) 「이루」하28: 仁者愛人, 有禮者敬人. 愛人者人恒愛之, 敬人者人恒敬之.(박경환, 214)

이것은 추상적인 사고의 차원이다. 맹자가 생각하기에 내가 사랑으로 남을 대우하면 남도 당연히 사랑으로 대응하리라 가정한 것이다. 이것은 어떤 변수도 고려하지 않는 수학적이며 논리적인 세계라고 할 수 있다. 세상이 실제로 이렇게 돌아간다면 아무런 문제가 없을 것이다.

하지만 맹자는 바로 이어서 다음의 상황을 제시하여 말한다. "여기에 어떤 사람이 있다. 나는 그이를 사랑과 공경으로 대했지만 그이가 내게 개 같이 반응할 때, 군자라면 반드시 '내가 반드시 인정머리가 없고 예의를 차리지 못했으니까, 저렇게 하리라! 그렇지 않다면 어떻게 이런 일이 나에게 일어날 수 있는가?'라고 스스로 반성하는 사람이다."

하지만 스스로 반성해 봐도 크게 문제될 게 없는 상황에서도 맹자는 이렇게 생각했다. 즉, "스스로 반성해 봐도 인정 있게 했고 예의를 차렸는데도, 이런 개 같은 반응이 계속 있을 수 있다. 군자라면 반드시 스스로 반성하며, '내가 진실하지 못했을까!' 이러리라 생각한다. 스스로 반성해서 진실한데도 개 같은 반응이 계속된다면, 군자는 '이 사람은 개차반일 뿐이다. 짐승과 무슨 차이가 있겠는가? 금수에게 무엇을 따지겠는가?'라고 생각할 것이다.[65]

---

65) 「이루」 하28: 有人於此, 其待我以橫逆, 則君子必自反也, 我必不仁也, 必無禮也, 此物奚宜至哉? 其自反而仁矣, 自反而有禮矣, 其橫逆由是也, 君子必自反也. 我必不忠' 自反而忠矣, 其橫逆由是也, 君子曰: 此亦妄人也已矣. 如此則與禽獸奚擇哉? 於禽獸又何難焉?(박경환, 214)

이를 보니 맹자도 꽤 인내심이 강한 사람이었나 보다. 물론 사랑과 공경으로 대우했는데도 막무가내로 덤벼드는 사람 앞에서는 참다가도 말을 잃는다. 시내도로에서 가벼운 접촉 사고가 났을 때 정작 본인은 잘못이 없으면서 상대를 배려해 조근조근 이야기하는데도 사고를 낸 사람이 큰 소리를 치면 정말 할 말이 없는 것과 마찬가지이다.

그럼에도 불구하고 맹자는 화를 벌컥 내지 않는다. 맹자는 다시 상대를 탓하기 이전에 자신이 뭔가 제대로 하지 못했는지 아니면 자신이 진실하지 못했는지 반성한다. 하지만 아무리 반성해도 어떻게 저런 반응이 나오는지 도무지 이해가 되지 않을 수가 있다. 그제서야 맹자는 비로소 포기를 선언한다. 사람이 사람의 말을 알아들어야지 그와는 반대로 엇박자만을 놓는다면, 더 이상 해볼 도리가 없기 때문이다.

이렇게 보면 맹자는 모든 사람이 도덕적으로 완전하다며 '성선'을 외쳤지만, 현실에서 '성악'의 상황을 만날 수 있음을 놓치지 않았다. 이런 예상치 않는 만남에 놓일 때, 맹자는 포기 이외에 다른 방법이 없음을 말하고 있는 것이다. 드라마에서 하는 말을 빌려 "네가 도대체 이렇게 이럴 수 있느냐?"라고 하는 것과, 브루투스가 카이사르(시저)를 암살했을 때 카이사르가 "브루투스 너마저도?"라고 했던 것과 비슷하다.

상앙은 바로 맹자가 포기하는 지점에서 고민을 했다. 사랑(인

귀족들에게 암살 당하는 카이사르

권력의 독점은 완전한 지배를 수립하든지 강력한 반발을 초래한다. 카이사르가 황제가
되려고 하자 귀족들은 권력으로부터 배제될지 모른다는 불안을 느끼게 되었다. 이 불안
은 브루투스로 하여금 암살에 가담하게 만들었다.

정)과 공경이 아무리 최고의 덕목이라도 해도 상대를 그렇게 움직
일 수 없다면 무슨 가치가 있을까? 상앙은 아무런 가치가 없다고
생각했다. 그렇지 않으려면 내가 어떤 식으로 행동하고, 상대도 역
시 그에 따라 행동할 수 있는 길은 없는 것일까?

상앙은 이럴 수도 있고 저럴 수 있는 것이 아니라 반드시 그렇
게 되는 필연必然에 자신의 목표를 설정하게 되었다. 그의 말을 들
어 보자.

"성인은 반드시 그렇게 되는 이치와 반드시 하게 되는 분위기를 안다. 그러므로 반드시 다스려지는 정치를 하고, 반드시 용감해지는 서민을 전쟁에 내보내고, 반드시 준수하는 명령을 실행하게 된다. 이 때문에 병사가 출정하면 대적할 자가 없고, 명령이 시행되면 온 세상 사람이 모두 따르게 된다."[66]

바로 이러한 이유로 인해서 상앙은 맹자의 인정과 공경을 넘어서 법치法治를 주장했던 것이다. '나'는 어떻게 하지만 '남'이 어떻게 할지 모르는 것이 아니라, '내'가 이렇게 하면 '남'도 반드시 이렇게 하는 것이다.

교차로의 꼬리 물기, 진출입로의 끼어들기를 생각해 보자. 다들 자신이 빨리 가려고 하기 때문에 무리하게 꼬리 물기를 하거나 끼어들기를 한다. 하지만 그렇게 하면 생각대로 빨리 가지 못하고 차량이 엉켜서 더 늦게 가게 된다. 꼬리 물기와 끼어들기가 결코 좋지 않다는 것을 알면서도 그러한 운전 습관이 쉽게 고쳐지지 않는다. "꼬리 물기를 하지 않으면 더 빨리 간다."라는 마음을 계속 가지기가 쉽지 않은 것이다.

맹자는 꼬리 물기와 끼어들기를 하는 사람을 적발해서 처벌(과태료)함을 우선하지 않을 것이다. 사람들이 왜 꼬리 물기를 하게 되

---

66) 『상군서』「획책畫策」: 聖人知必然之理, 必爲之時勢, 故爲必治之政, 戰必勇之民, 行必聽之令. 是以兵出而無敵, 令行而天下服從.(김영식, 207)

는지 원인을 찾아내고, 꼬리 물기를 하면서 일어날 수 있는 위험을 충분히 설명하려고 할 것이다. 그러나 상앙은 아무리 꼬리 물기를 하지 말라고 해도 운전자가 스스로 지키지 않으니, 법으로 강제해서 너도 나도 꼬리 물기를 하지 않게 만들자는 것이다.

상앙은 왜 이렇게 법에 의지했을까? 그는 맹자가 말하는 인정과 공경, 즉 예치禮治의 한계를 알고 있었기 때문이다.

"인정 있는 사람은 남을 따뜻하게 대하지만, 남으로 하여금 나를 따뜻하게 대하게 할 수 없다. 의로운 사람은 남을 사랑하지만, 남으로 하여금 나를 사랑하게 할 수는 없다. 그러므로 인의가 세상을 다스리기에 부족하다는 것을 알 수 있다."[67]

상앙은 아무런 사정도 봐주지 않고 맹자의 아픈 곳을 그대로 꼭 찌르고 있다. 맹자의 도덕이 아무리 훌륭하다고 하더라도 다른 사람으로 하여금 그것에 호응하고 동조하게 할 수 없다면, 무슨 소용이 있느냐고 반문하고 있는 것이다.

그러나 사실 상앙의 새로운 법치法治도 맹자의 인의와 비슷한 처지에 놓였었다. 그는 약 9m 높이의 나무를 함양궁의 남문 시장에 세워 놓고 "이 나무를 북문으로 옮기는 사람에게 현상금 십 금

---

67) 『상군서』 「획책」: 仁者能仁於人, 而不能使人仁. 義者能愛於人, 而不能使人愛. 是以知仁義之不足以治天下也.(김영식, 207)

함양궁의 복원도

이목지신移木之信 고사를 묘사한 그림

상앙은 법치의 신뢰성을 확보하기 위해서 퍼포먼스를 벌였다. 이것은 일방적으로 통보하는 것을 넘어서 설득을 이끌어 내는 방법으로 볼 수 있다. 창경궁 홍화문 앞에서 조선의 영조와 정조도 상앙과 비슷한 퍼포먼스를 한 적이 있다. 영조는 균역법의 찬반 여부를 백성에게 물어 보았고, 정조는 혜경궁 홍씨의 회갑에 백성들에게 쌀을 나누어 주기도 했다.

十金을 주겠다."라고 말했다.

하지만 아무도 이 나무를 옮기는 사람이 없었다. 상앙은 다시 현상금을 오십 금으로 올렸다. 술이 거나하게 취한 사람이 속는 셈 치고 나무를 옮겼다. 상앙은 그 사람에게 즉시 약속한 현상금을 줘 서 나라가 백성을 속이지 않는다는 것을 알게 했다. 이로부터 '이 목지신移木之信'의 고사가 생겨 난다.[68] 상앙도 일종의 퍼포먼스를 통해서 법치法治의 신뢰성을 확보하고자 했던 것이다.

현실에서 우리는 내가 꺼낸 말을 상대가 제대로 받아들여서 제 대로 피드백할지 어떻게 확신하고 있을까? 맹자의 길일까 아니면 상앙의 길일까? 그것도 아니면 제3의 길일까?

---

68) 출처는 『사기』 「상군열전」이다. 이 고사를 달리 '입목건신立木建信' 또는 '사목립신徙木立信' 이라고도 말한다.

맹자 어머니의 자식 교육과 맹자의 부활

제자백가는 모두 학문과 사상에서 나름대로 일가를 이룬 사람들이다. 하지만 그들이 어린 시절에 어떻게 자랐고 누구의 영향을 받았는지 알기가 어렵다. 기록이 남아 있지 않기 때문이다. 후대에도 사상가의 아동기는 간혹 몇 살 때에 글을 읽고 문장을 지었다는 천재성의 기록만 전해질 뿐, 무얼 보고 무얼 생각했는지 발달 과정을 확인할 수 없다.

물론 이런 일반화에도 예외가 있기 마련이다. 맹자의 경우 많지 않지만 지금까지 몇몇 고사가 알려져서 그가 어떻게 성장했는가를 추측케 한다. 가장 많이 알려진 고사로 '맹모삼천孟母三遷'이 있다. 이는 '맹모삼천지교孟母三遷之敎'의 줄임말로, 맹자의 어머니

맹묘단기처, 맹모삼천사, 자사자작중용처 비석
사상가 맹자를 위해 두 사람의 스승이 있었다. 한
명은 맹자가 사사한 자사이고, 또 한 명은 낳아 길
러 맹자를 사상가로 나아가게 한 어머니이다.

맹자성적도 중 「사사자사師事子思」

가 자식 교육을 위해서 집을 세 차례 옮겼다는 뜻이다.[69]

　맹자가 어렸을 때 맹자의 어머니는 공동 묘지 부근으로 이사
를 갔다. 맹자는 늘 장례식을 보는지라 상여 놀이와 곡성을 흉내
냈다. 그의 어머니는 "이게 아니다!"라고 생각하여 집을 시장 근처
로 옮겼다. 이번에는 맹자가 "골라, 골라!", "싸다, 싸다!"라며 장사
하는 흉내를 냈다. 그의 어머니는 또 "이게 아니다!"라고 생각하여

---

69) 이 이야기는 유향劉向, 『열녀전列女傳』「모의전母儀傳 추맹가모鄒軻母」에 나온다. 전체 내
용은 이숙인 옮김, 『열녀전』(예문서원, 1996; 2쇄 1997), 68쪽 참조.

집을 서당 근처로 옮겼다. 그랬더니 맹자가 글 읽는 흉내를 내서 어머니가 안심했다고 한다. 오늘날 이 이야기는 우리나라의 학부모들이 학원 밀집 지역인 강남 대치동으로 이사 가는 근거로 희화화되고 있다. 하지만 환경이 교육에 미치는 영향을 비유한다는 점에서 허투루 볼 이야기는 아니다.

다음으로 맹자의 어머니가 베틀의 날실을 끊어 버렸다는 '맹모단기孟母斷機'라는 고사가 있다. 이 고사를 '맹모단기지교孟母斷機之教'라고도 한다.[70] 맹자가 집을 떠나서 공부를 하게 되었다. 어린 맹자는 공부보다 어머니가 보고 싶어서 그만 집으로 돌아와 버렸다. 어머니는 자식을 보고서 반가움으로 꼭 껴안지 않고 자초지종부터 캐물었다.

자식의 이야기를 다 듣고 나서 어머니는 칼로 베틀의 날실을 끊어 버리면서 말했다. "공부를 하다 말고 그만두면 베틀의 날실을 끊어 버리는 것과 다른 게 뭐냐?" 맹자는 서슬 푸른 어머니의 기에 눌러 찍 소리도 못하고 다시 학업의 길로 나아갔다. 이쯤까지 읽다 보면 비슷한 이야기가 생각날 수 있다. 한석봉이 붓글씨 공부를 하러 갔다가 도중에 돌아오자 그의 어머니가 밤에 호롱불을 끄고 "너는 글씨를 쓰고 나는 떡을 썰어 누가 더 반듯한지 한 번 보자!"라고 했던 이야기랑 닮아 보인다.

---

70) 이 이야기도 『열녀전』「추맹가모鄒孟軻母」에 나온다. 앞의 책, 68~69쪽.

물론 맹자 어머니는 차갑고 무뚝뚝한 측면만 있는 게 아니었다. 맹자가 옆집에서 들리는 돼지 먹따는 소리를 듣고서 어머니에게 왜 저러냐고 물었다. 어머니는 별 생각 없이 "너에게 고기를 먹이려고."라고 대답했다. 말을 뱉고 나자마자 어머니는 아차 싶었다. "듣건대 옛날부터 태교를 했는데, 지금 마침 아이의 지각이 생기려는 차에 속인다면, 이는 불신을 가르치는 거야."[71] 이런 생각이 들자 어머니는 없는 살림에도 불구하고 돼지고기를 사서 맹자를 먹였다.

맹자의 이름은 맹가孟軻인데, 이 '가' 자는 그렇게 많이 쓰이는 글자가 아니다. 주로 감가憾軻와 감가坎坷의 용례로 쓰이는데, 뜻은 길이 울퉁불퉁하고 곳곳에 구덩이가 파여 있어서 수레가 가기 힘든 모양이나 뜻을 얻지 못하여 불우不遇한 모양을 나타낸다. 고사에 왜 아버지 이야기가 없는지 기록이 없어서 그 이유를 알 수는 없다.

이름의 뜻에서 주목하면, 고사에서 아버지의 모습은 보이지 않고 어머니의 훈육만 강하게 나타나고 있는 이유를 추측해 볼 수 있

---

71) 孟子幼時, 問東家殺猪, 何爲? 母曰: 欲啖汝. 旣而悔曰: 吾聞, 古有胎教, 今適有知而欺之, 是教之不信. 乃買猪肉, 以食之. 이 이야기는 한 제국 경전 연구가 한영韓嬰이 『한시외전韓詩外傳』에서 말한 뒤에 『소학집주小學集注』 「계고稽古」와 『여범첩록女範捷錄』 「모의편母儀篇」 등에 수록되었다. 이로부터 맹자의 어린 시절을 보여 주는 고사로 널리 알려지게 되었다. 이 고사와 관련해서 이숙인 역주, 『여사서』(여이연, 2003), 219~220쪽과 성백효 역주, 『소학집주』(전통문화연구회, 1993; 12쇄 2004), 211쪽 참조.

자사의 초상

맹부의 조상

맹자의 성장 과정에서 어머니에 비해 덜 알려진 두 명의 남성, 즉 자사와 맹자의 부친이 있다. 맹묘 계성전啓聖殿에 모셔진 맹부의 조상 앞에는 '계성주국공지위啓聖邾國公之位'라고 쓰여 있다. 부친의 이름은 맹격孟激이고, 원나라 때 '주국공'으로 추봉되었다.(1316)

다. 공자처럼 아버지가 일찍 돌아가신 맹자가 불우한 환경에서 힘들게 자랐으리란 추정이다. 이를 바탕으로 맹자 사상을 심리학적으로 독해하면 재미있는 점을 끌어낼 수 있다. 아버지의 부재가 결과적으로 어머니의 엄격하면서도 따뜻한 가르침을 초래했던 터라, 그는 전국시대라는 엄혹한 시절에 성선이라는 따뜻한 희망을 찾아낼 수 있었으리라. 반대로 상앙과 한비 등이 예외가 없는 법의 적용을 주장하는 모습 속에서는 아버지의 강직한 모습이 읽힌다. 이렇게 보면 맹자의 성장 과정은 어머니의 손길을 빼놓고 설명할 수 없다.

맹자는 어머니의 가르침을 받으면서 성장한 뒤에 자신과 100여 년 떨어진 공자를 만나게 된다. 물론 두 사람은 살아서 직접 만난 것이 아니다. 그는 공자의 손자인 자사子思(공급孔伋)의 문인에게서 수업을 받았다고 한다. 맹자는 공자에 비해 약 3세대 뒤에 나타났지만 고향이 그렇게 멀지 않았던 덕분에 그의 글뿐만이 아니라 전해지는 이야기들도 들었으리라 본다.

맹자는 글로 공자를 만나면서 자신의 인생을 정했다. 제자백가는 너도나도 공자의 한계를 밝히며 비판에 열을 올렸지만, 맹자는 거꾸로 인의仁義 도덕을 설파하는 공자 안에서 자신의 갈 길을 찾았던 것이다. 이후로 그는 제자백가의 공격으로 만신창이가 된 공자의 사상을 100년 뒤의 버전으로 재해석하는 것을 자신의 임무로 삼았다. 이렇게 보면 맹자는 어린 시절에 어머니의 교육열과 환경

선택에 큰 영향을 받았고, 성장하고서는 공자의 사상을 만나 눈을 떴다고 할 수 있다.

오늘날 우리는 동양 철학에서 맹자의 명성이 드높은 만큼 그의 사상이 대대로 존중을 받았으리라 판단할 수 있다. 하지만 실상은 전혀 그렇지 않다. 『맹자』 첫 편 양나라 혜왕이나 제나라 선왕 등과 나눈 대화에서 보이듯, 맹자는 당시 그렇게 환영을 받지 못했다. 상앙은 맹자의 인의가 필연성을 갖지 못하니 현실적으로 아무런 가치가 없다며 신랄하게 비판했다. 순자는 맹자의 성선이 후천적 학습을 부정하므로 공자 사상의 핵심에 어긋난다고 보았다. 한 제국 말기에 왕충王充은 자신의 책 『논형論衡』에서 아예 맹자를 꾸짖는다는 「자맹刺孟」의 편을 내걸어서 독설까지 퍼부었다.

이러한 맹자 비판의 흐름은 도도하고 오랫동안 지속되었다. 그러다 당나라 한유韓愈가 유학의 도통론을 제시하면서 변화의 조짐이 나타나기 시작했고, 송나라 주희朱熹가 성선을 성리학의 토대로 간주하면서 변화의 흐름이 종결되었다고 할 수 있다. 이처럼 성리학 이후에 맹자를 정통으로 규정하면서 유학사에서 맹자는 공자 다음가는 확고한 지위를 차지하게 되었다. 이러한 지위는 아무리 빨라도 당·송시대 이전엔 결코 없었던 일이다. 아니 더 정확하게 말하면 맹자는 전국시대 이후로 무시되었거나 완전히 잊힌 사상가였다.

오랫동안 잊힌 맹자가 "대체 왜?" 1000여 년이 지난 뒤에 갑자기 부활하게 되었을까? 그것은 바로 그의 성선설 때문이다. 그럼 다시 질문을 던질 수밖에 없다. 왜 성선은 다시금 주목을 받게 되었을까? 주희와 같은 성리학자들은 절대적인 외적 권위에 의존하지 않고, 자발적인 내적 근원에 도덕의 기초를 두려고 했다. 법가의 법처럼 외적 권위의 절대성을 긍정하게 되면, 사람은 부당한 법에 대해 자신을 방어할 수 있는 근거를 가지지 못하게 된다.

이러한 사유가 발생하게 된 데에는 나름대로 문화적 요인이 작용했으리라 본다. 신과 이데아는 사람에게 외재적이지만 어느 누구에게도 치우치지 않는 공정성과 공평성을 대변하고 있다. 이런 측면에서 부당한 현실에 대해 신의 뜻과 이데아의 이름으로 교정을 요구할 수 있는 것이다. 하지만 중국에서 법은 시민보다 군주와 국가의 존재 가치를 우선시하므로 비인간적 대우를 정당화시킬 수도 있다.

주희는 법과 같은 외재적 규범이 아니라 내재적 근원을 찾고자 했다. 하지만 주희도 현실에서 마주치는 '악인'과 '패륜아'의 존재를 못 본 척 할 수가 없었다. 오늘날 생활 쓰레기를 꼭 남의 집 앞에 버리는 사람도 있고, 차가 크지도 않으면서도 주차 구역을 가로질러서 주차하는 사람도 있고, 자신의 쾌락을 위해서 부모를 죽이는 사람도 있다. 그래서 주희는 맹자가 말한 성선과 순자가 말한 성악을 합쳐야만 사람의 진면목을 그대로 포착할 수 있다고 보았다. 즉, 사람은 원래 순박하고 착하지만 현실 사회의 욕망과 감정

맹묘 아성전

아성전亞聖殿은 맹묘의 중심 건물로 맹자의 조상을 안치하고 있다. 맹자의 조상 위에는
청 제국 옹정제가 '수선대후守先待後'라고 쓴 편액이 걸려 있다.

의 휘둘림으로 인해 포악하고 나쁜 짓을 할 수 있다는 것이다. 주희는 맹자의 성선과 순자의 성악을 본연지성本然之性과 기질지성氣質之性으로 바꾸어서 설명했다.

사람은 본래 착하디 착한 성품을 지니고 있지만 기질 때문에 나쁘게 된다는 것이다. 주위에서 평소에는 그렇게 순하더니 술만 먹으면 개차반이 되는 사람을 본다면, 본연지성과 기질지성의 구분을 쉽게 이해할 수 있으리라. 이런즉 맹자의 성선은 아무리 어두운 세상에서도 빛을 밝혀주는 등불이기에, 성리학자들은 성선을 찾아낸 맹자를 높이 치지 않을 수가 없었다. 맹자는 1000여 년이 지난 뒤에야 자신의 가치를 알아주는 사람들을 만난 것이다.

오늘날 맹자의 자취를 느끼려면 맹자를 모시는 사당인 맹묘孟廟를 찾으면 된다. 맹묘는 중국 산둥山東성 쩌우청鄒城시에 있다. 맹자는 공자와 같은 성인의 반열에 들지 못하지만 그에 버금간다고 하여 '아성亞聖'이라 불렸던 만큼, 그의 사당도 아성전亞聖殿이다. 우리는 그 성리학자들로부터 또 1000여 년이 지난 시절에 살고 있다. 이제 맹자의 무엇을 어두운 시절을 밝히는 빛으로 재해석해 낼 수 있을까?

장자,
변신을 꿈꾸다

장자는 마음의 벽을 허물어
어떻게 변신의 유희를 즐기는가?

◇ 영혼 없는 인간과 몸을 갖추지 못한 인간의 대비

우리나라의 학생들은 세계적으로 유례가 없는 학습 노동에
시달리고 있다. 초등학교만 들어가도 수업을 마치면 방과후 학습
을 하고 학원을 순례한 뒤에야 집에 돌아온다. 집에 돌아오면 자
연히 쉬고 싶으니까 컴퓨터로 게임을 하게 된다. 부모는 아이가
게임하는 것을 10분 이상 가만히 지켜보지 못한다. "언제 그만둘
까?"라며 감시하듯이 쳐다보다가 10분이 지나면 "공부하지 않고
뭐 하냐?"라는 추궁을 해대기 시작한다.

이런 상황에서 게임을 그만둔 아이는 무엇을 할 수 있을까?
공부는 하고 싶지 않지만 공부를 해야 하는 상황에서 말이다. 아

팔대산인의 「팔팔조도叭叭鳥圖」

팔대산인(1624?~1703?)은 망국 명나라 왕족의 후예로서 스님이 되는 등 자신을 잊기 위해 온갖 노력을 한 승려 화가다. 이런 이력을 떠올리지 않더라도 그의 그림을 보면 장자가 저절로 떠오른다. 몸통과 다리 그리고 꼬리는 힘이 들어가 긴장감을 유지하지만, 머리는 숙이고 눈도 감고 있다. 한 몸에 능동과 수동의 두 힘이 겹쳐지고 있다. 무엇을 할 듯하면서도 아무것도 하지 않는 모순의 몸짓인 것이다. 정신이 있는 듯하면서 정신이 없는 정체 불명과 유체 이탈의 몸짓이다.

이는 '척하기'로 대응한다. 공부하는 척하면서 딴 생각하고, 책을 보는 척하면서 만화책을 보고, 숙제를 하는 척하면서 스마트폰으로 게임을 하는 것이다. 아이는 본능적으로 알고 있다. 스스로 답답한 현실에서 벗어나 어떻게 하면 학생이 아니라 다른 역할을 하는 존재로 변신할 수 있는지를 말이다. 상대(부모, 선생님 등)를 의식하는 아이의 행동에는 영혼이 담겨 있지 않다. 그들은 보이는 행위에서 영혼을 빼내 자기가 하려는 행위에 담는다. 이른바 '유체 이탈'의 놀이라고 할 수 있다. 그렇지 않으면 그들은 더 이상 견딜 수 없는 압박에서 벗어날 수 없기 때문이다.

장자도 오늘날 학습 노동에 시달리는 아이들과 다를 바가 없었다. 그 학습이 장자의 시절엔 전쟁 참여나 의무 이행으로 바뀔 뿐이다. 국가가 왕명王命으로 백성들에게 끊임없이 의무를 부과한다. 사실 왕의 개인적 욕망에 불과한 것을 국가적 과제로 둔갑시켜서 하지 않으면 안 되는 의무로 내놓은 것이다. 한번 부과된 의무는 물리는 법이 없다. 이렇게 숨 쉬기 어려운 상황에서 장자가 할 수 있는 일이란 무엇이었을까? 힘에는 힘으로 맞선다는 논리로 무장해서 왕정을 타파하고 국가 권력을 차지해야 할까 아니면 모든 기성의 가치와 기구를 억압과 착취의 이데올로기로 비판하고 어디에도 없는 유토피아를 꿈꾸어야 할까?

장자는 아이들처럼 '척하기'를 해야 했다. 그는 이런 '척하기'의 놀이에 전혀 예상하지 못했던 인물들을 등장시킨다. 특히「덕

안후이성 멍청蒙城현 장자사莊子祠의 장자상(좌)과
허난성 민취안民權현 장자능원莊子陵園의 장자상(우)

오늘날 이 두 곳이 장자의 고향을 두고 경합을 벌이고 있다. 장자가 이를 보고 어이없는 웃음을 지을지 이해한다는 너털웃음을 지을지 모를 일이다. 두 조상은 모두 장자가 죽간을 들고 뒷짐을 진 모습을 하고 있다. 하지만 죽간을 든 손이 다르다.

충부德充符」를 보면, 선천적이든 후천적이든 장애인이 많이 나온다. 예컨대 첫 부분에 형벌을 받아 발이 잘린 올자兀者인 왕태王駘와 공자, 올자 신도가申徒嘉와 정나라 대신 자산子産, 올자 숙손무지叔孫無趾와 공자를 각각 짝지어서 전자가 얼마나 차별과 기성의 가치에 물들어 있는지 풍자하고 있다. 또 발을 절고 허리가 굽고 입술이 틀린 인기지리무신闉跂支離無脤과 항아리만한 혹이 달린 옹앙대영甕㼜大癭 등의 인물을 창조해 냈다.

장자의 시대에 철기로 무장한 중앙 집권적 관료 국가는 농사와 전투에서 성과를 낼 수 있는 건장하고 용감한 사람을 요구했다. 국민 개개인은 온전한 신체를 갖추어야만 국가 의지를 실현시킬 수 있는 하나의 기관이 되기 때문이다. 장자는 이러한 신체관을 조롱하는 듯, 하나의 장애가 아니라 여러 가지 장애를 가진 복합 장애인이야말로 덕德을 충만하게 가진 존재로 보고 있다.

이러한 신체관을 상징적으로 읽는다면, 다른 독법도 가능하다. 건장한 신체는 자기 보존의 논리를 구현하는 부국강병의 국가를 상징할 수 있다. 따라서 건장한 만큼 성장을 향한 무한한 욕망을 꿈꾸며 쉼 없이 움직일 수가 있다. 반면, 장애는 배제적 탐욕의 유혹으로부터 벗어날 수 있는 여유의 안목을 가지며, 개체의 삶에 충실하도록 시선을 돌릴 수 있다. 따라서 장애(한계)를 가진 만큼 밖으로 향한 시선을 안으로 돌리게 만들 수 있다. 장자는 한편으로 건장한 신체와 장애를 가진 신체를 병치시키고, 다른 한

편으로 후자를 통해서 보이는 세계의 진실을 드러내려고 한다. 건장한 신체는 텅 빈 영혼의 다른 이름이지만, 장애를 가진 신체는 충만한 삶을 살아가는 행복한 영혼의 다른 이름인 것이다.

◆ 제물, 진영의 논리를 부수다

맹자와 장자를 따로 읽으면 두 사람은 동시대를 살다가 간 사상가들에 지나지 않는다. 그러나 둘의 책을 겹쳐서 읽어 보면, 두 사람이 상대를 얼마나 의식하고 있으며, 장자는 맹자를 넘어서기 위해서 얼마나 고군분투하고 있는지를 여실히 알 수 있다. 맹자만 읽고 그를 좋아하거나 장자만 읽고 그를 좋아하는 사람에게는 이런 이야기가 다소 의아하게 들릴지도 모른다. 장자가 맹자를 신랄하게 비판하고 있지만, 맹자가 없었더라면 장자가 나올 수 없을 정도로 두 사람은 서로 칭칭 얽혀 있다.

여기서 두 가지 논점에서 맹자와 장자가 어떻게 얽혀 있는지를 살펴 보도록 하자. 장자의 제물은 맹자의 성선을 넘어서려는 시도이다. 그 결과 장자는 장애를 가진 신체와 건장한 신체의 덕성을 시대와 다르게 평가하고 있다. 이것은 맹자가 대체大體와 소체小體의 구분에서 대인大人과 소인小人의 차별로 나아가는 논법을 비판하고 있는 것이다.[71]

맹자는 모든 사람이 불우한 이웃을 안타까워 하며 돕고, 명백

한 악행을 싫어하며 부끄러워한다는 사실을 들어서 성선性善을 찾아냈다. 사실 성선 자체에만 집중하면, 현실 사회에서 사람에 대한 차별이 불가능하다. 그렇게 되면 맹자는 신분 사회에서 민주 사회를 꿈꾼 반역의 인물이 되어 버린다. 즉, 모든 사람이 성선의 자식이라고 해서 평등한 것은 아니다. 그러나 유일신의 종교에서는 모든 사람이 유일신의 자식이므로 현실에서도 모두 평등하게 대우 받아야 한다. 이것이 맹자의 성선과 유일신의 교리 사이에서 차이가 생겨나는 지점이다.[73]

성선이라는 점에서 사람은 모두 동등하다. 하지만 사람은 현실에서 성선을 실현하는 정도에서 그 차이를 드러낸다. 어떤 이는 성선과 완전히 일치하는 삶을 살 수 있는 반면에, 어떤 이는 성선과 어긋나는 삶을 살 수도 있다. 물론 전자와 후자 사이에 수많은 차이를 가진 사람이 있을 수 있다. 성선이 유일신의 심판과 결합된다면 상황은 달라질 수 있다. 후자는 심판을 의식해서라도 성선과 일치되는 삶을 살려고 노력할 것이다. 하지만 성선에는 유일신의 심판이 없다.

개개인은 성선대로 살든 성선과 어긋나게 살든 아무런 상관

---

72) 이와 관련해서 맹자 부분의 「같은 사람인데 어디에서 차이가 날까?」에서 자세하게 다루고 있다.

73) 조선시대 후기에 천주교는 외국 선교사 없이도 중인과 평민 사이에서 급속도로 퍼져 나갔다. 여기서 '신 앞에 평등'이 당시 신분제로 고통을 겪는 사람에게 강한 호응을 받았으리라 생각해 볼 수 있다.

사전	사전	사전
사전	공전	사전
사전	사전	사전

갑골문의 '정# ' 자와 정전제의 공사전

정전제는 토지 국유제에 바탕을 두고서 세금을 현물이 아니라 노동 지대로 내는 방식이다. 현물 부담이 없고 모두 토지를 경작할 수 있다는 점에서 이상적인 제도로 여겨졌다. 하지만 원칙적으로 국유제임에도 불구하고, 사유화 현상의 심화는 정전제의 실시를 불가능하게 만들었다.

이 없는 것일까? 맹자는 이를 방치할 경우 도덕적으로 무정부 상태가 초래된다고 보았다. 맹자는 사람이 성선대로 살 수 있도록 하기 위해서 몇 가지 조건을 부가했다. 첫째, 정전제井田制이다. 안정적인 직업을 보장하면 사람이 비딱하게 옆으로 셀 일이 줄어들게 되기 때문이다. 둘째, 선각자(성인)의 존재이다. 선각자는 성선의 가치를 먼저 알아차렸으므로 후각자를 계도할 수 있다. 셋째, 후천적 차별이다. 성선으로는 차이가 없지만 성선의 실현은 차이가 있으므로, 그 차이에 따라 차별을 할 수 있다.

맹자는 셋 중에 세 번째에 주목해서 군자와 소인을 나눈다. 맹자는 이 구별을 도덕적 견책으로 정당화시켰다. 하지만 이 구별

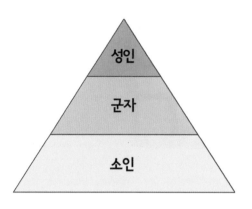

맹자의 사회 분업

성인은 이념과 제도를 입안하고 군자는 그것을 먼저 이해하여 다수의 소인(생산 계급)을 계몽하고자 했다.

로 군자와 소인 사이에 건널 수 없는 간격을 두는 것이 결코 아니다. 오히려 맹자는 군자가 소인을 계몽해서 함께 군자가 되는 세상을 일구려고 한다. 적어도 목표상으로는 모두가 군자가 되는 세상을 꿈꾸는 것이다. 그는 이 꿈에 대해 "성인은 사람의 관계를 완벽하게 맺는 사람이다.", "성인은 나와 같은 종류의 사람이다."라고 표현했다.[74] 소인은 자신의 소인성을 끊임없이 버려서 군자로 되어 가고, 군자는 자신의 군자성을 끊임없이 닦아서 성인이 되어 가는 것이다.

---

74) 「이루」 상2: "聖人, 人倫之至也."(박경환, 170), 「고자」 상7: "聖人, 與我同類者."(박경환, 277)

    그런데 장자는 성선이 군자와 소인의 차별로 방향이 뒤틀어
지면서 계몽자 성인이 등장하는 맥락을 비판하는 것으로부터 자
신의 생각을 시작하고 있다. 장자는 실체를 전제로 하는 사유를
비판했다.

    "상황에 따라서 존재는 저것이 아닌 것이 없고, 이것이 아닌 것도
    없다. 저것에서만 보면 가변성이 드러나지 않지만, 스스로 상황 의
    존성을 알면 가변성을 알게 된다. 저것은 이것에서 생겨나고 이것도
    저것으로 말미암는다."[75]

    다소 어려워 보인다. 이것과 저것에다 군자와 소인을 넣어 보
면 이해하기가 쉽다. 소인과 군자는 변화 가능성을 인정하지만
그 분류는 상황 의존성을 지니지 않는다. 소인과 군자는 각각 상
대를 배제하는 특성을 가리키기 때문이다. 소인이 군자가 될 수
있다고 하더라도, 그것은 소인이 소인성을 버릴 때 군자로 바뀔
수 있다는 것이다. 장자는 사람을 소인과 군자로 분류하는 것 자
체를 부정한다. 장자의 말대로 하면, 상황에 따라서 사람은 소인
이기도 하고 군자이기도 하므로 둘 사이의 절대적인 차이가 없어
지게 된다.

---

75)「제물론」: 物無非彼, 物無非是. 自彼則不見, 自知則知之. 故曰: 彼出於是, 是亦因彼.(안동림,
59)

나아가 장자는 존재가 상황에 따라서 달라진다고 보는 것에 그치지 않는다. 그는 존재 자체가 변화의 과정에 놓여 있다고 본다. 다만 사람은 변화의 국면을 고착화시켜서 그것을 무엇이라 명명하고, 언어 사용자들이 그 명명을 습관적으로 받아들일 뿐이다. 그는 변화만이 진실이라는 점을 자여子輿와 자사子祀, 자래子來와 자려子犁의 이야기를 통해서 밝히고 있다.[76] 공교롭게도 자여와 자래는 갑자기 병이 들어서 언제 죽을지 몰랐다.

특히 자려의 가족들은 자려가 죽을까봐 그의 병상 옆에서 울고불고 난리가 아니었다. 자여와 자래는 모두 자신에게 찾아온 병과 이후의 과정을 자연스런 변화로 받아들인다. 마치 그들은 고속 카메라로 자신의 신체 변화를 보고 있는 듯 시시각각으로 변해가는 과정을 묘사하면서, "때에 편안해 하고 자연에 순응한다면 슬픔과 즐거움이 끼어들 수 없다."라는 태도를 보이고 있다.[77] 변화의 극단이 설사 죽음이라고 하더라도 그것은 슬픈 것이 아니라 일어날 수밖에 없는 과정일 뿐이다.

이처럼 장자는 변화를 존재의 실상으로 바라보기 때문에 변화의 특정 국면을 '장애를 가진 몸'이라든가 '건장한 몸'이라고 하든가 뭐라고 할 수는 있다. 하지만 그 이름은 임시적인 분류이

---

76) 둘의 대화는 「대종사」에 나온다.(안동림, 198~202)

77) 「대종사」: 安時而處順, 哀樂不能入.(안동림, 199)

민취안 탕좡唐莊촌 장자 능원의 장주묘

표지석 뒤로 패인 길은 사람들이 수없이 다녔다는 것을 나타낸다. 능원을 만들고 표지석을 세웠지만 제대로 손길이 미치지 않는다. 주위가 넓은 들판이므로 이 위에 올라서면 사면을 바라보는 전망대가 될 법하다. 나도 망설임 끝에 능 위에 올라서 주변을 바라보았다.

므로 어떤 곳에 잠시 머무르는 손님과 같다. 따라서 이름이 있다고 해서 이름들 사이에 위계질서가 성립되지 않는다. 여기서 존재를 가치의 높낮이로 볼 수 없다는 제물齊物이 도출되는 것이다. 이것이 장자가 맹자와 완전히 달라지는 지점이다.

◆ 마음의 벽을 허물어 변신을 꿈꾸다

장자는 자신의 책에서 제일 먼저 작은 알이 큰 물고기가 되고 그 물고기가 다시 큰 새로 변신하여 북에서 남으로 날아가는 비행을 묘사하고 있다. 요약하면 변신과 이동이다. 외형상으로만 보면 작은 것이 큰 것으로 변한다는 점에서 소인이 군자(대인)로 변하는 것과 닮아 보인다.

맹자는 오로지 소인에서 대인으로 바뀌는 변화의 방향만을 인정하지, 그 역을 결코 인정하지 않는다. 장자는 작은 것이 큰 것으로 바뀌는 양적 변화와 물고기가 새로 바뀌는 질적 변화를 긍정하지만, 그것은 가치의 상승을 의미하지 않는다. 그것은 그냥 사태일 뿐이기 때문이다. 따라서 장자가 외견상 비슷한 변화를 말하더라도 수양과 정착을 말하는 맹자와 상반되는 길을 걷는 것이다.

장자는 도대체 왜 자신의 모자란 점을 보충해서 완전한 존재로 나아가려고 하지 않고 A에서 B로 바뀌는 질적인 변신을 말하며, 살던 곳을 잘 가꾸려고 하지 않고 애써 일군 터전을 미련 없이 내버리는가? 장자는 도대체 왜 시대에 맞서지 않고 '비겁한 도망자' 마냥 그렇게 홀홀 또는 훨훨 떠돌아다니는 것일까?

이 물음은 사실 맹자의 입장에서 진지하게 물을 수 있는 것이지만, 장자의 입장에서는 오히려 가볍게 대답하고 넘어갈 수 있다. 정착(정주)을 바라는 맹자가 보기에 장자의 이동(이주)은 생고

생으로 여겨질 수 있다. 이러한 몰이해는 장자가 이미 예상했던 일이다.

> "매미와 비둘기가 붕새를 비웃으며 말했다. 우리는 퍼드덕퍼드덕
> 힘껏 날개를 치고 날아올라 느릅나무와 다목나무의 가지에 머문다.
> 때로는 거기에도 이르지 못하고 아래로 내동댕이쳐져서 땅바닥을
> 돌아다닐 뿐이다. 붕새는 무엇 때문에 구만 리를 날아올라서 남쪽으
> 로 가려고 하는가? 가까운 들로 놀러 가면 세 끼 식사하고 돌아와도
> 배가 여전히 부르다. …… 작은 지혜는 큰 지혜에 미치지 못하고 짧
> 은 명은 긴 명에 미치지 못한다. 어떻게 그렇다는 것을 알겠는가?"[78]

구만 리를 떠나려는 붕새를 이해하지 못하는 매미와 비둘기
는 장자를 이해할 수 없는 맹자이다. 장자가 그 이해를 못하는 원
인을 설명하고 있다. 하루살이는 하루가 전부이므로 두 번째 날
을 경험할 수도 없고 이해할 수도 없다. 사물은 자체의 크기, 속성
에 따라서 타자를 바라보는 존재의 구속성을 피하기가 어렵기 때
문이다. 이제 장자는 더 이상 자신을 이해하지 못하는 맹자를 탓
하지 않는다. 서로 다른 것으로 이야기만 하고 넘어가 버린다.
　끊임없는 변화의 도정에 놓인 사람은 어떻게 살아갈까? 변화

---

78) 「소요유」: 蜩與學鳩笑之曰: 我決起而飛, 槍楡枋, 時則不至, 而控於地而已矣. 奚以之九萬里南
爲? 適莽蒼者三湌而反, 腹猶果然. …… 小知不及大知, 小年不及大年, 奚以知其然也?(안동림, 30)

마왕퇴 한묘 1호묘의 T형 백화(왼쪽)와 3호묘의 T형 백화(오른쪽)

1972년에 후난성 창사長沙에서 한나라 무덤군이 발견되었다. 한나라 장사국長沙國 승상 리창利倉과 가족의 무덤이다. 1, 2, 3호묘의 주인공은 그의 아내 신추辛追와 리창 본인 그리고 아들로 밝혀지고 있다. 신추는 거의 원형을 알아볼 수 있는 미이라 형태로 남아 있었고 『노자老子』 등 다수 죽간 발견되어 학계의 주목을 받았다. 백화帛畵는 내관을 덮는 명정으로 사람을 천상으로 이끄는 구도로 되어 있다. 1호 백화는 길이가 205cm, 상단

폭이 92cm, 하단 폭이 47.7cm이고 3호 백화는 길이가 234.6cm, 상단 폭이 141.6cm, 하단 폭이 50cm이다. 1호 백화를 보면 위에서 아래로 한나라 사람들이 믿고 있던 천상, 지상, 지하의 세계를 그리고 있다. 용과 호랑이가 그려져 있고 신수를 타는 상단의 광경에서 보이듯 사람과 동물의 경계가 엄격하지 않다. 이러한 세계는 장자로 하여금 변신을 꿈꾸는 사유(상상)의 근원으로 작용했을 것이다.

가 사실이라고 해도 사람은 정착에 따른 안정을 원하는 농사꾼의 심성을 지니고 있다. 이들에게 풀을 찾아서 사막을 떠도는 유목민의 삶이란 불안하기 그지없다.

이와 관련해서 「덕충부」를 보면 장자는 친구 혜자惠子(혜시)와 흥미로운 대화를 벌이고 있다.

> 혜자 : 사람이 원래 감정이 없는가?
>
> 장자 : 그렇지.
>
> 혜자 : 사람이면서 감정이 없으면 그를 어떻게 사람이라고 하겠나?
>
> 장자 : 도가 사람에게 얼굴을 갖추게 하고, 하늘(자연)이 사람에게 형체를 갖추게 해주었는데, 어떻게 사람이 아니라고 할 수 있 겠는가?[79]
>
> 혜자 : 이렇게 사람이 되었는데 어찌 정이 없다고 할 수 있는가?
>
> 장자 : 그건 내가 말하는 정이 아니네. 내가 정이 없다고 말하는 것 은, 사람이 호오의 감정에 의해 속으로 자신의 몸을 해치지 않고 언제나 자연을 따르면서 삶을 늘리려고(덧보태려고) 하 지 않는 것을 말하네.[80]

---

79) 「덕충부」: 惠子謂莊子曰: 人故無情乎? 莊子曰: 然. 惠子曰: 人而無情, 何以謂之人? 莊子曰: 道與 之貌, 天與之形, 惡得不謂之人?(안동림, 169)

80) 「덕충부」: 惠子曰: 旣謂之人, 惡得無情? 莊子曰: 是非吾所謂無情者. 吾所謂無情者, 言人之不以

이제 마지막 질문을 던질 때가 되었다. 변화를 겪으면서도 아무런 감정의 동요가 없는 사람이 과연 사람일까? 혜자의 생각으로는 그건 사람이 아니라고 생각한 것이다. 이렇게 생각하면 혜자와 장자의 이야기는 무의미한 동어반복으로 보인다. 서로 같은 말을 되풀이할 뿐, 접점이라고는 생길 틈이 없는 것이다.

하지만 이야기를 따라가 보면, 장자는 '무정'을 말하지만 그것은 혜자와 뜻이 다르다. 즉, 두 사람이 무정을 다른 식으로 이해하고 있는 것이다. 혜자는 무정을 감정이라고는 털끝만큼도 없는 사람이라는 맥락으로 사용하고 있다. 그러나 장자는 무정을 그렇게 쓰고 있지 않다. 그런 뜻이라면 사람이 아니라는 혜자의 지적이 맞다. 이와 달리 장자는 감정의 포로와 노예가 되지 않는다는 맥락에서 무정을 말하고 있다. 즉, 장자의 무정은 감정을 완전히 부정하는 것이 아니라 감정에 휘둘려서 특정 감정의 대리인이 되지 않는다는 뜻이다. 그렇다면 웃음을 참지 못하고 웃음을 터뜨리는 아이와 웃음을 참느라 얼굴이 잿빛이 된 어른 중 어느 쪽이 장자에게 가까울까? 아이다.

아이 같은 장자는 아내의 죽음을 맞이하고서 어떻게 했을까? 혜자는 장자 아내의 부고를 듣고서 조문을 갔다. 평소 장자 집에서 술이며 밥이며 온갖 것을 얻어먹으며 신세를 진 탓에 애도하

好惡內傷其身, 常因自然而不益生也. (안동림, 170)

멍청현 장자사의 오소정과 관어대

멍청현 장자사의 오소정과 관어대

장자가 꿈에 나비가 되고, 호상濠上에서 물고기를 살펴고, 술동이를 두드리며 노래 부르고
우쭐대는 조상曹商을 꾸짖고, 재주 있음과 재주 없음을 이야기하는 다섯 가지 고사를 오소
五笑라고 한다. 맞은 편에 관어대觀魚臺가 있다.

는 마음으로 발길을 옮겼으리라. 그런데 문을 열고 집에 들어선 순간, 혜자는 못 볼 것을 본 양 어안이 벙벙해졌다. 장자는 슬픔에 잠겨서 넋을 놓고 있지 않았다. 그는 질그릇으로 된 술동이를 껴안고 술을 퍼마시며 또 장구로 북을 치고 있었다. 이를 '고분이가 鼓盆而歌'라고 한다.[81]

혜자는 화가 나서 장자에게 따졌다. 평생 살을 맞대고 산 부인이 죽었는데 곡도 하지 않고 술이나 퍼마실 수 있느냐고. 먼저 장자의 대답을 예상해 보면 좋겠다.

"아내가 죽었을 때 처음에 나라고 어찌 슬프지 않았겠는가! 하지만 생명의 시초를 곰곰이 살펴보니 원래 생이 없었네. 생이 없었을 뿐만 아니라 원래 형체조차 없었네. 형체가 없었을 뿐만 아니라 원래 기氣조차도 없었네. 어둡고 흐릿한 상태로 뒤섞여 있다가 어느새 바뀌어서 기가 생겨났고, 기가 변해서 형체를 갖추게 되었고, 형체가 변해서 생이 시작되었다가 지금 다시 변해서 죽게 되었지. 이것은 봄·여름·가을·겨울을 서로 바꾸어 가며 운행하는 것과 닮았다네."[82]

---

81) 이 이야기는 「지락至樂」에 나온다. 맹자라면 이야기의 구성조차도 납득하기가 어려워할 것이다. 그는 "잔소리 많던 마누라가 죽어서 좋은가?"라며 고개를 가로저을지도 모르겠다.

82) 「지락」: 是其始死也, 我獨何能無槪然. 察其始, 而本無生. 非徒無生也, 而本無形, 非徒無形也, 而本無氣. 雜乎芒芴之間, 變而有氣, 氣變而有形, 形變而有生. 今又變而之死, 是相與爲春秋冬夏四時行也.(안동림, 451)

장자는 슬퍼하지 않은 것이 아니다. 슬퍼하다가 슬퍼하기만 할 일이 아니라고 생각해서 노래를 부른 것이다. 기괴하다고 생각할지 모른다. 하지만 죽음이 꼭 슬픈 것이냐고 정면으로 물으면, 반드시 꼭 그렇다고도 할 수 없지 않은가?

　이것은 바로 장자가 주목한 '정情'의 양면이다. 첫째, 정은 천진난만한 아이처럼 웃고 싶으면 웃고 울고 싶으면 우는 그런 것이다. 통제가 되지 않는 것이다. 웃음을 꽉 참다가 결국 웃음을 터트리는 장면을 생각해 보면 감정의 통제가 얼마나 어려운지 알 것이다. 둘째, 정은 실정實情, 사실의 뜻으로 감정을 배제한다는 의미로 쓰인다. 감정을 개입시키면 사실이 아닌 것이 사실인 것처럼 둔갑하게 된다. 가족을 수사하는 경찰관은 가족에 치우친 감정으로부터 자유로울 수가 없지 않은가? 이처럼 정은 감정과 사실이라는 상반된 것을 끌어안고 있다. 바로 이렇기 때문에 장자가 성이 아니라 정에 주목했는지도 모른다.

소요유의 변신 이야기

책은 분량이 적정해야 읽을 맛이 난다. 『노자』처럼 분량이 너무 적
으면 말이 워낙 압축적이라 읽어도 무슨 소리인지 알아듣기가 쉽
지 않다. 반대로 『관자管子』처럼 분량이 너무 많으면 읽을 엄두를
내기가 어렵다. 그렇다면 『장자』는 어디에 속할까? 후자에 속한다.
『장자』는 일단 분량 면에서 압도를 하기 때문에 읽고 싶어도 읽기
가 쉽지 않다.

　　『장자』가 『관자』에 비해서 읽기 어려운 이유가 하나 더 있다.
『관자』의 언어는 직설법에 해당되지만 『장자』의 언어는 온갖 상징
과 비유로 넘쳐나기 때문이다. 설혹 『장자』라는 책의 명예 때문에
인내심을 발휘하여 책을 어렵사리 읽어 나간다고 하더라도 자신이

민취안 순허 칭롄靑蓮촌 장자정莊子井과 장자고리莊子故里

이곳이 장자의 고향이라면, 그는 이곳의 골목을 걷고 이곳의 우물을 마시며 살았을 것이다. 처음에는 이런 곳에 장자가 살았을까, 라며 의아하게 생각했다. 상상은 열악한 현실에서 태어난다는 사실을 생각하며 장자의 모습을 찾으려고 했다. 하지만 스모그로 미세먼지가 심하던 날이라 그런지 장자의 흔적을 찾기가 쉽지 않았다.

읽은 부분이 무엇을 말하는지 이해하기가 쉽지 않다. 특히 「제물론
齊物論」에 이르면 몇 번이나 꼬아서 말하기 때문에 읽는 사람의 지
성을 회의하게까지 만든다. 이제 내용이 흥미롭다는 명성에 못지
않게 읽기 어렵다는 악명을 가진 『장자』의 세계로 들어가 보자.

『장자』는 첫 구절부터 예사롭지가 않다. 『논어』, 『손자』, 『맹자』
의 경우 공자, 손자, 맹자는 첫 구절에서 자신의 메시지를 강하게
던졌다. 하지만 『장자』는 메시지가 아니라 이야기로 시작한다. 『장
자』가 어렵다고 잔뜩 긴장해서 책을 펼쳤다가 이야기를 보고서 피
식 웃으며 긴장을 풀게 된다. 이야기를 조금 따라가 보기로 하자.

첫 마디는 "북쪽 바다에 물고기가 있었다."[北冥有魚]로 시작한
다. 물고기의 이름이 곤鯤이고 그 크기가 몇 천리나 되는지 모를 정
도로 엄청 크다는 말을 하고 있다. 이어서 그 곤은 가만히 바다에서
놀며 잘 지내는 것이 아니라 갑자기 붕鵬이라는 새로 변신을 시도
한다.[83] 서서히 머리가 아파오기 시작한다. "물고기가 물고기로 있
으면 그만이지 도대체 왜 새로 변하는 거야?"라는 물음이 생긴다.

장자는 이런 물음에 아랑곳하지 않고 "곤에서 붕으로"의 변신
[鯤化爲鵬]을 신나게(?) 묘사하고 있다. 붕은 변신 이전의 곤처럼 크
기가 수천 리나 되고 날개를 펼치면 하늘이 갑자기 까맣게 변해 버
린다. 즉, 붕새가 하늘을 가릴 정도로 크다는 말이다. 변신을 끝낸

---

83) 「소요유」: 其名爲鯤. 鯤之大, 不知其幾千里也. 化而爲魚, 其名爲鵬, 鵬之背, 不知其幾千里也. (안동
림, 27)

붕새는 자신이 살던 북쪽 바다를 날아다니는 것이 아니라 반대로 남쪽 바다[南冥]로 날아가려고 한다.

그런데 문제가 있다. 붕새가 워낙 크다 보니까 쉽게 남쪽 바다로 날아갈 수가 없다. 예컨대 나뭇잎 배는 접시 물에도 떠다니지만 큰 배는 그 배를 실을 만한 많은 물을 필요로 하듯이, 붕새가 날아가려면 그만큼 강한 바람이 필요해진다. 또한 강한 바람이 생기려면 붕새가 9만 리나 날아오를 공간이 필요하다. 그만한 공간이 있어야 붕새가 큰 날개를 휘저을 수 있기 때문이다. 이러한 조건이 갖추어지면 붕새는 그제서야 남쪽 바다로 날아가게 된다.

비둘기는 붕새의 이러한 비행을 이해할 수가 없다. 비둘기는 같은 지역에서 살며 번식하는 텃새이므로 미지의 세계를 향해 멀리 가려고 하지 않기 때문이다. 비둘기는 가만히 있지 않고 편안한 공간을 벗어나려는 붕새의 비행을 부질없는 일로 본다.

여기서 장자는 왜 메시지가 아니라 이야기로 책을 시작하고 있을까? 이야기는 그렇게 어렵지 않다. 그런데 곤은 무엇이고 붕새는 무엇이며 곤의 붕새로의 변신은 도대체 무엇을 말하려는 것일까? 장자는 이 쉬워 보이는 이야기를 통해서 도대체 무엇을 말하려고 하는 것일까?『이솝 우화』는 짧고 함축적이지만, 읽고 나면 풍자와 해학의 방향을 잡을 수 있다.『장자』는『이솝 우화』와 마찬가지로 우화 형식을 빌리고 있지만, 정작 무엇을 말하려는지 분명하지가 않다.

우리는 변신이라는 코드에 초점을 맞추어서 장자의 우화를 읽어 보도록 하자. 곤이 붕새로 변하는 과정은 결코 간단치 않다. 곤은 입이 새 부리 마냥 뾰족하게 툭 튀어나오고 배가 날개로 길게 늘어나서 펼쳐지는 등 몸이 뒤틀리고 휘는 괴로운 고통의 과정을 거친다. 이 변신의 과정이 시각적으로 이해되지 않는다면 양악 수술을 받기 위해서 턱을 깎아 내서 사각형이 얼굴이 갸름한 달걀형으로 바뀌는 모습을 상상해 보라. 며칠 동안 음식을 먹지도 못하며 수술 이후의 고통을 고스란히 이겨내야 한다. 물론 수술 이후 예쁜

멍청현 장자사의 소요당

소요당逍遙堂을 보는 순간 소요 또는 소요유가 '당'과 어울리는 말일까, 라는 생각이 들었다. 당은 닫힌 곳이며 소요유는 닫히지 않는 곳을 노니는 자유이다. 이 안에 집채 만한 크기의 장자가 있다.

모습을 상상하며 지금의 고통을 참을 수 있다.

하지만 변신은 이처럼 살을 찢고 몸을 비트는 극심한 고통을 통해서 비로소 이루어지는 험난한 길이다. 곤이 붕새가 되는 변신은 예쁜 모습을 가져다주는 성형처럼 도대체 무슨 매력이 있는 것일까? 그 큰 변신의 고통을 참아낼 만큼 말이다. 또 사람이라면 과거에 외모 때문에 당했던 아픔이 너무나 컸기에 성형의 고통을 그대로 받아 내듯이, 곤은 평소 무슨 아픔을 겪었기에 변신의 고통을 고스란히 받아들이는 것일까? 인간의 성형이야 변신 이후 '예쁘다'는 찬사로 마무리되곤 하지만, 곤의 변신은 비둘기로부터 이해할 수 없다는 차가운 냉대를 받을 뿐인데 왜 변신을 하는 것일까?

우리는 이 물음의 실마리를 풀기 위해서 전국시대의 상황으로 돌아갈 필요가 있다. 전국시대는 약육강식의 논리가 지배하는 상황으로, 너도나도 자기 보존을 최우선 과제로 설정했다. 이런 상황에서 중앙 집권적 관료 국가는 이전의 종족 공동체의 체제와 달리 신민에게 새로운 권리와 의무를 조정하여 집행했다. 국가는 부국강병을 명분으로 신민에게 토지 세금과 군역 및 요역 등을 부과하고, 각종 노동력과 특산물을 착취하는 등 새로운 의무를 끊임없이 지시하기 시작했다.

국가의 입장에서 보면, 언제 강대국의 침입을 받을지 모르기 때문에 강한 군사력을 갖추기 위해서 필요한 자원을 세금의 형식으로 징수하고, 새로운 업을 불가피한 사업으로 강행하지 않을 수 없었다. 그러나 신민의 입장에서 보면, 종족 공동체와 비교해서 중앙 집권적 관료 국가는 더 많고 더 힘든 임무를 부과하는 것이었다.

이러한 상황에서 제자백가라면 누구라도 '국가'라는 새로운 기구에 대해서 고민하지 않을 수가 없었다. 상앙과 한비 등은 군주를 중심으로 국부國富를 극대화시켜야 국가간의 경쟁에서 살아남을 수 있다고 보았다. 이들은 국가를 자기 보존의 원칙을 수립하고 집행하는 선의 기구로 보았다. 공자는 결국 사람이 국가를 운영하므로 지도자가 자기 절제의 품덕과 공공성의 가치를 존중해야 한다고 보았다. 어떤 지도자인가에 따라 국가는 공공선을 실현할 수도 있고, 사욕을 실현하는 기구가 될 수도 있다.

장자는 국가에 대해 상앙처럼 희망을 갖지도 못하고, 공자처럼 견제의 필요성에 공감하지도 못했다. 그는 시시각각으로 개인에게 부과되는 요구와 의무로부터 자신을 지킬 수 있는 길을 찾으려고 했다. 그것이 바로 『장자』 첫 편 「소요유」에서 곤이 붕새로 변신하는 이야기에 담겨 있는 내용이다.

변신은 인간이 가진 다양한 욕구 중의 하나이다. 일상의 단조로움에서 벗어나려는 사람은 '여행'을 꿈꾼다. 이는 스스로 세계와 업무가 아니라 휴식으로 접속하는 것이다. 자신을 다른 공간과 시간의 흐름에 놓아 둔다는 것만으로도 웃음을 짓게 만든다. 성형도 마찬가지이다. 외모 콤플렉스로 불이익을 당했다고 하면, 성형은 자존감을 회복하는 길일 수도 있다. 이처럼 우리는 삶에서 받는 고통과 괴로움으로부터 벗어나기 위해서 여행이나 성형뿐만 아니라 전직, 취미 활동 등을 통해서 자신을 다르게 가꾸려고 한다.

장자의 변신도 마찬가지이다. 변신은 존재가 자신의 모습을 A에서 B로 바꾸는 것이다. 이 변신은 여행처럼 떠났다가 다시 돌아오는 것도 아니고, 성형처럼 몸의 일부를 고치는 것도 아니다. 장자의 변신은 물고기에서 새라는 종의 경계를 넘어서는, 훨씬 근원적인 변화라고 할 수 있다. 즉, 이 변신에는 어떠한 장애나 한계가 없다. 이렇게 종을 넘어서 변신을 하게 되면 국가는 '나'의 종적을 추적할 수가 없다. 국가가 의무의 부과를 위해서 '곤'에게 찾아 왔지만 그 곤은 벌써 '붕'으로 바뀌어 있는 것이다.

사람은 자신이 속한 조직으로부터 규제를 받고, 또 개인적 욕망의 사슬로 자신을 얽어매고, 또 삶의 관행에 따라 늘 같은 패턴을 되풀이한다. 불편하고 지루하다고 느끼면서 규제, 욕망 그리고 관행이 주는 안정감으로부터 쉽게 벗어나지 못한다. 장자는 고통이 따르는 변신을 위해 용기를 내고 있는 것이다.

왜 그래야 하는 것일까? 존재는 각자 삶의 크기와 방향이 다르다. 다르다고 한다면 다르게 살아야 한다. 하지만 장자는 시대가 하루살이, 계절살이, 500년 생명, 8000년 생명이 같은 틀에서 살아갈 수 있다고 떠든다고 보았다. 이처럼 우리도 늘 자유를 바란다고 하면서 오히려 온몸에 변신을 불가능하게 하는, 갑각류와 같은 딱딱한 투구를 쓰고 있는지도 모른다.

멍청현 장자사 몽접루의 장주몽접와상莊周夢蝶臥像

몽접루의 장자는 소요당의 장자보다 편해 보였다. 누워서 꿈을 꾸는 모습 때문에 그런 것이 아니다. 손에 죽간을 든 것을 보면 하루의 일상이 연속적으로 드러나고 있다. 빳빳하게 힘이 들어간 수염의 모습이 인상적이다.

제물론, 성선을 넘어 평등을 말하다

『장자』의 두 번째 편은 「제물론齊物論」이다. 「제물론」은 장자 사상의 핵심을 담은 편으로 유명하고 동시에 가장 어렵기로도 유명하다. 「제물론」이라는 제목부터 쉽지가 않다. 제목의 뜻부터 하나씩 살펴보자. 「제물론」은 문법을 어기지 않고 두 가지로 해석이 가능하다. 하나는 '물을 제하는 논'이라는 문장 구조로, 물(존재)을 가지런하게 하는 글이라는 뜻이다. 다른 하나는 '물론을 제하다'는 문장 구조로, 물론(다양한 주의주장)을 가지런히 한다는 뜻이다. 「제물론」이나 『장자』 전체를 보더라도 두 가지 모두 해석이 가능하다. 따라서 어느 해석이 맞고 어느 해석이 틀렸다는 것이 아니라, 각자 자신의 근거를 가지고 해석의 우위를 다투는 경쟁을 벌일 수 있다.

여기서는 첫 번째, 즉 물(존재)을 가지런하게 하는 글의 맥락으로 논의를 풀어가고자 한다. 장자의 제물齊物이 맹자의 성선性善과 긴밀하게 맞닿아 있기 때문이다. 맹자는 성선을 통해서 모든 사람이 현실의 차이에도 불구하고 도덕적으로 완전해질 수 있는 가능성을 지니고 있다고 보았다. 물론 가능성이 곧 현실성이 되지는 않는다. 맹자는 이를 위해서 정전법井田法을 제시하여 항산恒産의 완전 고용을 달성하고자 했다.

그가 성선을 주장한다면, 논리적으로 오늘날 현대 사회의 근본 문법인 천부인권天賦人權을 긍정해야 한다. 모두가 하느님의 자식이라면 누구도 차별을 받을 이유가 없듯이, 모두 성선을 가지고 있으면 누구도 신분의 차등을 당할 까닭이 없기 때문이다. 하지만 맹자는 성선을 말하면서 동시에 신분제를 자연적인 제도로 받아들이고 있다. 사람이 도덕적으로 평등하다고 하더라도, 꼭 사회적으로 평등할 필요가 없다는 것이다. 즉, 맹자는 도덕적 평등성으로서의 성선과 사회적 차등성으로서의 인작人爵(신분)이 모순 없이 결합될 수 있다고 보았다. 오늘날 우리가 민주주의와 인권이 보장되는 시대를 살아가고 있다고 해서 그것을 기준으로 맹자를 비판할 수는 없다. 왜냐하면 맹자의 시대는 맹자만이 아니라 다른 사람들도 신분제가 자연 질서에 바탕을 두었다고 믿었기 때문이다.

문제는 그가 왜 도덕적 평등성을 말하면서 사회적 차등성으로 나아갔을까, 라는 점에 있다. 사람은 도덕적 평등성을 가지고 있지만 각각 다르게 그것을 실현할 수 있다. 어떤 이는 성선을 한 치의 오차도 없이 100퍼센트 실현할 수 있고, 어떤 이는 상황에 따라서 50퍼센트 정도 실현할 수 있고, 또 어떤 이는 겨우 10퍼센트 정도만 실현할 수 있다. 성선을 가지고 있으면서 그것을 각각 달리 실현하는 사람을 어떻게 대우해야 할까? 모두 성선을 가졌으므로 실현의 정도에 상관없이 동등하게 대우해야 할까 아니면 실현의 정도에 따라 차등적으로 대우해야 할까? 여기서 맹자는 성선의 실현에 따라서 현실에서 차등적으로 대우한다고 하더라도 그것이 성선의 가치를 위반한다고 보지 않았다.

하지만 장자의 생각은 달랐다. 장자는 맹자의 논리적 한계를 예리하게 포착하여 제물을 가지고 성선을 비판한다. 풀어서 설명하면, 사물은 보편성을 공통적으로 가지고 있지만 실현의 정도가 다르므로, 맹자는 사물이 차별을 받을 수 있다고 보았다. 그러나 장자는 만물이 끊임없이 변화의 과정에 있으므로, 보편성과 그 실현의 정도가 다르다고 볼 수 없다고 보았다. 우리가 산에 오르다 보면 바위가 푸석푸석해져서 작은 돌로 변하고 다시 흙으로 변한 경우를 볼 수가 있다. 또 흙은 지각 작용에 따라 다른 것으로 바뀔 것이다. 이때 기의 결집체로서 사물이 끊임없이 바위, 돌, 흙 등으로 바뀌면서 그때마다 다른 성질을 갖는다는 것이 진실이다.

장자는 현실적인 사례를 들어서 맹자를 비판한다. 오늘날 김태희에 어울리는 미인 서시西施와 한센병을 앓고 있는 환자를 실례로

'서시완사西施浣紗'와 '침어락안沈魚落雁'의 고사를 탄생시킨 서시의 동상

서시가 빨래를 하려 강가에 나갔다. 서시가 하도 예뻐서 물고기는 헤엄치는 걸 잊고 가라앉아 버렸고, 기러기는 날갯짓을 잊고 땅으로 떨어졌다는 이야기가 있다. 사람만이 아니라 물고기와 기러기도 알아주는 아름다움이었다. 장자는 물고기가 그런 미인을 보면 물속으로 깊이 숨는다고 말했다. 우리나라에서 광고계를 휩쓸고 있는 김태희가 강가에 가면 '침어락안'의 일이 일어날까? 침어락안은 몰라도 행사장에 모인 팬들은 쓰러질지 모르겠다.

들어서 차별의 부당성을 말한다. 맹자라면 미美의 실현을 기준으로 서시와 한센병의 다름을 역설할지 모른다. 그러나 장자에 따르면 기의 결집체로서 사람도 끊임없이 변해가는 과정에 있다. 한센병 환자는 지금 모습이 빠르게 바뀌는 반면, 서시는 상대적으로 늦게 바뀔 뿐이다. 서시가 아무리 아름답다고 해도 꽃다운 나이가 지나면 그이의 피부도 쭈글쭈글해지는 노화를 피할 수 없다. 결국 한센병 환자와 서시는 상대적 차이를 보일 뿐이다.

당시에 서시 이외에도 모장毛嬙(월越나라 왕의 미희美姬 또는 송宋나라 평공平公의 부인)과 여희麗姬(진晉나라 헌공獻公의 부인)가 미인으로 유명했다. 그들의 미가 보편적이라고 하지만, 그것은 인간 중심적인 사고일 뿐이라고 장자는 지적했다. 서시처럼 김태희에 어울리는 모장과 여희가 길을 지나가면 사람들은 그들을 보느라 무의식적으로 눈을 돌려서 쳐다본다.

하지만 이것은 사람의 경우에만 해당된다. 다른 동물이 이들을 보면 상황은 다르다. 물고기는 깜짝 놀라서 물속 깊이 숨고, 새는 하늘 높이 날아오르고, 사슴은 있는 힘껏 달아난다. 물고기, 새와 사슴은 모장과 여희를 아름다운 존재가 아니라 자신들을 해치려는 대상으로 볼 뿐이다. 이처럼 겨우 사람에게만 해당되는 아름다움을 가지고, 모든 존재에게 해당되는 것처럼 확대 해석하고서 그 미美의 기준으로 사물을 평가한다면, 그것은 정확하지도 않고 타당하지도 않다.

이렇게 되면 만물은 보편성을 완전히 또는 부분적으로 실현하기 때문에 현상적으로 차이가 나는 것이 아니다. 만물은 원래부터 제각각 다른 모습과 특징을 가지는 게 참으로 당연하다.

"만물은 원래 그렇게 될 만한 이유를 가지고 있고, 만물은 원래 긍정할 만한 바탕을 지니고 있다. 따라서 어떠한 만물도 그렇지 않은 것이 없고, 어떠한 만물도 긍정되지 않을 것이 없다."[84]

사람들은 집단 또는 개인의 관점을 정상과 이상으로 구분한다. 영화 「엑스맨」은 슈퍼 히어로의 이야기를 다루고 있지만, 그 속에는 현생 인류와 돌연변이체의 대립이 다뤄지고 있다. 다수의 현생 인류는 돌연변이체를 이상으로 보고 그들을 대상으로 적절한 조치를 취하려고 하고, 돌연변이체의 일부도 다수의 현생 인류와 다른 자신의 존재를 받아들이지 못해서 괴로워한다.(이 이외에도 돌연변이체의 일부는 자신을 현생 인류에서 진화한 존재로 보고서, 세계의 권력을 잡아야 한다고 생각하기도 한다.)

장자는 사람이든 사물이든 정상과 이상의 범주로 다수가 소수에게 가히는 분류와 조치는 아무런 근거가 없다고 본다. 이 지점에서 장자는 성선의 외화에 따라 사람을 차별하려는 맹자의 기획을 부정한다고 할 수 있다. 이 때문에 장자는 책 속에 오히려 정상과 다른 수많은 이상을 등장시키고, 오히려 그들이 정상보다 더 자유로운 존재라는 점을 보여주고 있다.

우리가 다소 낯설어 보이는 장자의 제안을 받아들인다면, 어떻게 살아야 하는 것일까? 장자는 먼저 우리에게 생긴 모습과 그에 따른 분류 그리고 보편 규정과 실현에 따른 차별을 올바른 가치로

---

84) 「제물론」: 物固有所然, 物固有所可, 無物不然, 無物不可.(안동림, 61)

영화 「엑스맨」 포스터

보통 사람도 선악을 가지고 있다. 돌연변이체의 엑스맨들도 당연히 선악을 가질 수 있다. 모두 인간이기 때문이다. 이러한 이중성은 보통 사람과 돌연변이체 모두를 괴롭게 만든다.

받아들이는 사고의 관행에서 벗어나기를 요구하고 있다. 그는 이를 "오상아吾喪我"라고 하며, 독특하고 역설적으로 표현했다. 글자 그대로 풀이하면 "내가 나를 잊는다(잃는다)"라고 할 수 있다. 이것은 내가 분류와 차별을, 내가 누릴 특권의 근거로 사용하려는 기도를 포기하고서 각기 다를 수밖에 없는 타자와 새롭게 어울린다는 뜻을 나타낸다.

장자는 이처럼 만물이 부당한 이유로 차별받지 않으면서 서로 활발하게 어울리는 상황을 묘사하기 위해서 퉁소 이야기를 끄집어

냈다. 퉁소에는 인뢰人籟(사람 퉁소), 지뢰地籟(땅 퉁소), 천뢰天籟(하늘 퉁소) 등 세 가지가 있다. 인뢰는 사람이 음악의 규칙대로 인위적인 악기를 연주하는 것이다. 지뢰는 바람이 자연에 나 있는 구멍을 지나면서 내는 소리이다. 즉, 인뢰는 형식화되고 제도화된 음악이고, 지뢰는 바람에 절대적으로 의존하는 음악이다. 인뢰와 지뢰는 결국 제도와 사물에 구속된 음악이다.

천뢰는 "부는 소리가 만 가지로 서로 다르지만 제각각 제 소리를 내게 된다. 잘하든 못하든 모두 제 스스로 움직여서 나아가는데, 울부짖게 하는 것이 그 누구인가?"[85] 개별 존재는 모두 외부 요인이나 외적 자극에 따라 움직이는 것이 아니라 내적 움직임에 따라 자발적으로 움직인다. 이때 '취吹'는 그렇게 개별 존재가 자신의 바람대로 다르게 소리 내고 노래하는 것인 반면, '노怒'는 스스로 나아가는 흐름에 끼어들어 개별 사물의 흐름을 뒤흔들고 흥분하게 만드는 것이다.

천뢰는 존재가 구속을 받지 않고 상황마다 각자의 방식으로 노래를 부르는 것이다. 이는 어른과 아이가 즉흥에 따라 음정 박자를 무시하고 제 멋대로 불러도 사람들이 깔깔 웃고 즐기는 자유로운 음악이며 풍요로운 예술인 것이다.

우리는 사회 생활을 하면서 하기 싫으면서도 표를 내지 않으려

---

85) 「제물론」: 夫吹萬不同, 而使其自己也, 咸其自取, 怒者誰邪?(안동림, 50)

고 전체에 동화되려는 욕구가 있다. 그러나 끝내 스스로 불편해 한다. 장자는 왜 그렇게 불편해 하면서 전체에 맞추려고 하는지 묻는다. 고함치고 싶을 때 고함치고, 울고 싶을 때 울어 보자. 그깟 체면과 관습에 메여서 꼼짝달싹하지 못하지 말고. 우리 사회의 성형 중독도 천뢰가 아니라 인뢰와 지뢰에 맞춰 춤추는 우리의 슬픈 모습을 보여주는 것은 아닐까?

거꾸로 매달린 상태에서 풀려나자!

우리는 보통 머리가 위에 발이 아래에 있지만 운동 삼아 물구나무를 선다. 특히 헬스장에 가면 기구의 도움을 받아서 물구나무서기를 하게 된다. 기구의 도움을 받으면 그나마 쉽게 물구나무서기를 할 수 있지만, 혼자 힘으로 하려면 금방 자세가 허물어진다. 집에서 몸을 벽에 붙이고 물구나무서기를 해도 얼마간 버티다가 발을 바닥으로 내려놓게 된다. 조금만 시간이 지나도 팔과 허리가 아프며 중심을 잡기가 쉽지 않기 때문이다.

물구나무는 몸의 자세만이 아니라 정신 상태와 관련해서도 이야기할 수 있다. 우리는 무슨 일을 하려면 우선순위를 정한다. 중요한 것은 앞에 두고 사소한 것은 뒤에 둔다. 이를 우리 몸에 비유

민취안 순허 칭롄촌 장자고거莊子故居와 신당

장자의 옛집 터를 찾아냈을 때 뭐라도 기대했었다. 하지만 터만 달랑 남아 있었다. 실망을 추스르며 주위를 둘러보니 서너 곳의 신당이 눈에 들어왔다. 신당 안에는 번쩍이는 불상도 없었다. 허름한 사진이 붙어 있었다. 무엇을 잡고서라도 빌고 싶은 심정이 전해졌다. 신당 앞에 쌓인 재를 보면서 고단한 삶의 높이가 태산보다 높아 보였다. 예나 지금이나 삶의 고통은 가볍지가 않다.

하면, 먼저 할 일은 머리에 해당하고 뒤에 할 일은 발에 해당된다. 장자는 사람들이 세상을 살아가는 모습을 관찰하고서 그들의 사고가 힘든 물구나무 자세를 하고 있다고 보았다. 이 말은 사람이 실제로 물구나무를 선다는 뜻이 아니라 뭔가 거꾸로 살아간다는 뜻이다. 즉, 중요한 것과 사소한 것을 제대로 분간하지도 못하고, 먼저 할 일과 나중에 할 일을 판가름하지도 못한 채 허둥지둥 바삐 살아간다는 말이다.

실제로 물구나무를 서려고 하면 금세 자세는 바른 자세로 돌아오는데 왜 사고는 여전히 뒤집힌 채로 살아가고 있는 것일까? 장자는 이 이야기를 '득지得志', 즉 뜻대로 일이 풀려 나가는 즐거움으로 풀어내고 있다. 옛날 사람들은 무엇과도 바꿀 수 없는 즐거움 자체에서 득지를 찾았다. 반면 요즘 사람들은 큰 소리 칠 수 있는 관직(출세)에서 득지를 찾는다.

사실 관직(출세)은 누군가의 필요성에 따라 우연히 '나'에게 찾아온 것이지 원래부터 내 몸에 붙어 있는 것이 아니다. 따라서 우리는 관직(벼슬)에 대해 거리감을 두고서 반드시 받지 않겠다고 거부할 필요도 없고, 떠나지 않겠다고 만류할 필요도 없다. 그냥 관직을 맡게 되면 맡고, 떠나게 되면 떠나는 것이다. 꼭 관직을 차지하려고 하고 놓치지 않으려고 하니, 힘들고 무리를 하게 된다.

장자는 사람이 가치의 물구나무를 서게 되는 이유를 간명하게 정리했다.

"외물에 흔들려 자기를 잃어버리고, 세속에 휘둘려 본성을 잃어버린다."[86]

장자는 외물이 아니라 자기 자신에게 주목하고 사회의 평균적 삶보다 자신의 성정에 집중하라고 요구하고 있다. 이때 외물과 세속의 의미 외연은 상당히 넓다. 자기 자신의 성정에 집중하지 못하고 사람의 시선을 다른 곳으로 끌어가는 그 모든 것이 바로 외물과 세속이다.

우리가 스스로 '주체'라고 하면서 회의에서 눈치 보며 말하고, 연예인의 정치적 입장 발표를 두고 "용기 있다!"고 하고, 식당가서 "아무거나 먹지요!"라고 하고, 국제 사회에서 강대국을 의식하느라 제 목소리를 내지 못한다면, 그것도 자기 자신보다 외물에 끌려 다니는 것이다. 자신의 성정보다 사회의 평균적 삶에 더 기웃거리게 되면, 그것은 '거꾸로 선 사람', 즉 '물구나무를 선 사람'과 다를 바가 없다고 말하고 있다.

우리는 몸으로 물구나무를 서라고 하면 이삼 분을 버티기 힘들어 하면서, 중요하지도 않은 것을 금은보화처럼 여기고, 사회에서 떠드는 소리에 신경 쓰느라 내면의 목소리를 등한시하고 있는 것이다. 장자는 이를 간단하게 '도치지민倒置之民'이라고 부른다. 몸

---

86) 「선성繕性」: 喪己於物, 失性於俗者, 謂之倒置之民.(안동림, 412)

으로 물구나무를 선 사람더러 "왜 저렇게 힘든 물구나무를 서고 있느냐?"라고 말할 줄 알면서, 정작 자신이 가치 전도로 인해 물구나무를 서고 있는 줄 모르는 것이다.

우리는 어떻게 하면 '도치지민'처럼 거꾸로 매달린 상태에서 벗어날 수 있을까? 장자는 이를 '현해懸解'라는 말로 표현했다. '현해'는 글자 그대로 '거꾸로 매달린 상태에서 풀려나는 것'을 말한다. 장자는 이 말이 얼마나 마음에 들었던지 맹자의 말을 그대로 써먹고 있다. 맹자는 포악한 정치로서 학정虐政과 살맛 나는 정치로서 인정仁政을 구별했다. 그는 "큰 나라가 살맛 나는 정치를 실시한다면 백성들은 마치 거꾸로 매달려 있다가 풀려난 것처럼 기뻐할 것이다."라고 말했다.[87] 이렇게 보면 춘추전국시대의 사상가들은 서로 날카롭게 비판하면서도 상대의 좋은 말과 표현을 그대로 갖다 쓰고 있다는 것을 알 수 있다. 맹자가 '해도현解倒懸'을 고통에서 풀려나는 수사적 표현으로 사용했다면, 장자는 그것을 좀 더 다른 맥락에서 차용하고 있다. 장자는 노자가 죽은 뒤에 사람들이 문상 오는 이야기를 통해서 현해의 이야기를 풀어 가고 있다.

노담(노자)이 죽었다. 진일秦失[88]이 문상을 가서 세 차례 곡만 하고 그

---

87) 「공손추」 상1: 萬乘之國行仁政, 民之悅之, 猶解倒懸也.(박경환, 79)
88) 실失은 일佚로 읽는다.

냥 밖으로 나왔다. 제자가 물었다. "선생님의 친구가 아닙니까?"

진일이 말했다. "그렇다."

"그렇다면 이렇게 조문해도 괜찮은가요?"

진일이 대답했다. "괜찮다. 처음에 나는 노담을 지인至人으로 생각했지만 지금은 아니라네. 좀 전에 나는 이곳에서 빈소에 들어가 조문하는데, 나이든 사람은 마치 자식을 잃은 듯이 곡하고, 젊은 사람은 마치 부모를 잃어버린 듯이 곡하더군. 저 노자로 인해 사람들이 모인 이유를 따져 보면, 반드시 위로를 바라지 않았겠지만 위로하게 하고, 곡을 바라지 않았겠지만 곡하게 하고 있다. 이것은 하늘(자연)을 저버리고 진정에 어기며 본래 부여받은 것을 잊어버린 것이다. 옛날에는 이것을 하늘을 저버린 죄라고 하였다. 어쩌다 태어나니 그가 때에 맞았고, 어쩌다 떠나니 그가 명에 따른 것이다. 때를 편안히 여기고 변화에 순응하면, 슬픔과 즐거움이 그 속에 끼어들 수 없다네. 옛날에 이를 천제(하늘)에 매달린 상태로부터 풀려남이라고 한다."[89]

사람은 대통령이건 거지이건 죽음을 피할 수 없다. 죽음이 피해야 할 끝이자 완전히 잊히는 상실이라면 슬플지 모른다. 그러나 죽음은 태어남과 마찬가지로 기가 변해가는 하나의 과정일 뿐이

---

89) 「양생주養生主」: 曰: 然. 始也, 吾以爲其人也, 而今非也. 向吾入而弔焉, 有老者哭之, 如哭其子. 少者哭之, 如哭其母. 彼其所以會之, 必有不蘄言而言, 不蘄哭而哭者, 是遁天倍情, 忘其所受. 古者謂之遁天之刑. 適來, 夫子時也. 適去, 夫子順也. 安時而處順, 哀樂不能入也. 古者謂是帝之懸解.(안동림, 98)

다. 죽음은 끝이 아니라 또 다른 변화를 향해서 나아가는 시작이라고 할 수 있다. 이렇게 볼 때, 장자는 사태의 진행에 슬픔과 기쁨의 감정을 이입해서 기뻐서 날뛰거나 슬퍼서 축 처져 있을 필요가 없다고 보았다. 죽음은 그냥 지켜보는 사태이지, 찾아오지 못하게 막아야 할 사태가 아니다.

이렇게 보면, 장자는 '현해'를 맹자처럼 지극히 즐거운 상태로 비유하지 않고, 잘못된 가치와 사고로부터 자유로워지는 것으로 비유하고 있다. 맹자의 말을 그대로 썼지만, 다른 맥락으로 차용하고 있는 것이다. 사랑할 땐 대신 죽을 듯이 굴지만, 헤어지면 남의 일처럼 담담해질 수 있다. 이처럼 장자는 삶에서 마주하는 사태에 감정을 투입하여 어떤 방향으로 끌고 가려고 하면서 그 과정에서 잘 되면 웃고 못 되면 우는 일에서 벗어나라고 요구하고 있다.

혹자는 물을지 모른다. 과연 우리가 장자처럼 살 수 있을까? 살 수 있다고 하더라도 그런 삶이 무슨 재미가 있을까? 이러한 질문은 나름대로 의미가 있다. 일단 우리는 장자의 삶이 '나'와 다르기 때문에 그것을 이해하려고 하지 않고 의심부터 품어서는 안 된다. 또한 우리가 타인의 불필요한 간섭, 선한 의도로 타인에게 다가갔다가 오히려 의심을 받았던 경험 그리고 특정한 방향만을 허용하는 독선적 자세 등으로 인해 고통을 겪은 적이 있다면, 장자가 말하고자 하는 삶을 그리 이해하지 못할 것도 아니다.

고려시대 이규보李奎報(1168~1241)의 「우물 속의 달을 읊다[詠井

이규보의 초상

역사의 평가는 긍정과 부정으로 판이하게 갈린
다. 이규보의 「우물 속의 달을 읊다」란 시를 보
면, 극단적인 평가와는 다른 인간의 모습이 드
러난다. 이규보는 시와 술과 거문고를 좋아하여
'삼혹호三酷好'로 불렸다. 여유가 되면 이를 마
다할 사람이 누가 있을까?

中月」라는 시를 읽어 보자.

> "스님이 고운 달빛을 탐내어, 병 속에 물과 함께 길었네. 절에 이르러
> 비로소 깨닫게 되리, 병 기울면 달도 따라 빈다는 걸."[90]

스님이 물을 긷기 위해 계곡에 내려갔다. 마침 달이 계곡의 물
에 고운 빛으로 맺혔다. 스님은 바가지를 물속에 담가서 달을 물과

---

90) 山僧貪月色, 幷汲一甁中. 到寺方應覺, 甁傾月亦空.

함께 병에 부었다. 스님은 달을 절까지 가지고 갈 수 있으리라 생각했을까? 이규보는 그러한 스님의 마음을 읽었다. 물 항아리를 기울이더라도 달이 쏟아지지 않으리라는 것을.

　우리는 어떤 대상에 기분이 꽂히면 스님처럼 앞뒤를 가리지 못하고 자기중심적으로 움직인다. 시간이 지나고 나면 그 일로 인해 우리는 에너지를 잃고 상처를 받으며 힘겨워 한다. 장자는 애초에 객관적 거리감을 두라고 말하고 있다. 그것이 사실을 사실 그대로 보는 지혜를 줄 수 있다. 가수 김광석의 노래 「서른 즈음에」에 나오는 "머물러 있는 사랑인 줄 알았는데, 또 하루 멀어져 간다, 매일 이별하며 살고 있구나!"처럼 머물지 않으며 매일 이별하는 걸 장자는 말하고 있지 않을까!

노자와 장자는 어떻게 유명해졌나?

사상가들 중에는 활동할 당시에 인기가 있었던 경우도 있지만, 생존 시에 별다른 주목을 받지 못한 경우도 있다. 제자백가 중에서도 마찬가지이다. 법가의 상앙, 병가의 손무, 음양가의 추연은 활약할 당시 시대로부터 뜨거운 환영을 받았다. 상앙은 사회 제도를 개혁하는 전문가로, 손무는 전쟁의 승리를 일궈내는 전문가로, 추연은 불운과 행운의 시간을 예측하는 전문가로 각광을 받았다.

공자와 맹자, 노자와 장자 등은 살았을 당시에 그다지 세인의 주목을 받지 못했다. 이들 중에 『노자』가 먼저 학계와 왕실의 애독서가 되었다. 한비는 자신의 책에서 세상에서 최초로 『노자』에 대한 간단한 주석과 해설을 달았다. 이 해설은 오늘날 형이상학의 책

민취안 탕좡촌 장자능원의 장자비림莊子碑林

원래 '림'은 수풀이 많은 곳을 가리킨다. 비림은 비석이 수풀처럼 많다는 뜻이다. 장자에게 어울리지 않을 법한 장소이고 이름이다. 사람마다 장자를 기억하고 이해하는 방식이 다른 걸 어떻게 할 수 있을까?

으로 알려져 있는 『노자』와는 달랐다. 한비는 노자의 사상 중에서 "애써 하려고 하지 않지만 모든 일이 때에 맞게 잘 풀린다."라는 "무위이무불위"에 주목했다.[91]

원래 이 말은 문명과 달리 자연이 외부 요인의 간섭 없이도 잘 굴러가는 것을 '도道'로 설명하려는 것이다. 즉, 누가 명령하지 않아도 때 되면 꽃이 피고, 때 되면 비가 내려서 식물이 잘 자란다. 오히려 사람이 이러한 자연의 움직임에 끼어들어서 천지의 작용을 망치고 환경을 파괴한다는 것이다.

한비는 이러한 노자의 맥락을 빌려, 법치法治가 완벽하게 작동하는 것은 누군가가 나서서 설치고 고함쳐서 될 일이 아니라고 보았다. 누구도 훼손할 수 없는 법치의 시스템이 갖추어지면, 명령하고 감시하는 사람이 없더라도 아무런 문제가 생기지 않는다. 이는 교통 질서의 확립을 위해서 CCTV를 설치해 놓으면 운전자들은 누가 뭐라고 하지 않더라도 법규를 준수하게 되는 것과 닮았다. 한비는 법치가 성공하려면 주관적인 요소보다 객관적인 요소가 더 중요하다고 보았던 것이다.

항우와 유방은 진 제국이 붕괴된 뒤에 천하 패권을 두고 경쟁했다. 유방이 승리하고서 한 제국을 세웠지만 사실 나라 꼴이 말이 아니었다. 천자가 수레를 타고 외출하려고 해도 수레를 끄는 네 필

---

91) 『노자』 48장: 無爲而無不爲.(최진석, 371)

항우와 유방의 초상

권력이 표류할 때 항우와 유방은 치열하게 싸웠다. 얼마나 치열했는지 그들의 싸움은 장기판에서도 계속되고 있다. 초반의 승세를 살리지 못한 항우와 초반의 열세를 딛고 이긴 유방은 『사기』를 수놓는 큰 줄기이다. 유방은 온갖 위기와 열세에도 끝까지 살아 남았지만 항우는 후반의 열세에 쓰러졌다.

의 말을 같은 색으로 맞출 수가 없었다. 이것은 통일 전쟁을 치르면서 국가 경제가 파탄이 나서 천자의 권위를 세울 형편이 못되었기 때문이다. 이러한 사회 경제적 상황에서 위정자는 백성을 어떤 방향으로 끌고 가기 위해서 이래라 저래라 간섭하지 않고 백성이 자체적으로 자신의 삶을 복구하도록 방임하는 편이 더 낫다.

　한 제국 초기는 노자의 "무위이무불위"가 이러한 방임 정책을 뒷받침하는 논리로 역할을 했다. 이때 노자 사상은 그냥 '도가'로 불리지 않고 '황로도가黃老道家' 또는 '인군남면지술人君南面之術'로 불렸다. 즉, 군주는 자신의 욕망과 이상을 실현하기 위해서 백성을 동원하지도 않고 기본 원칙을 정해서 업무를 실무자에게 위임하고 자신은 제자리에 앉아서 일이 돌아가는 형세를 지켜보는 것이다.

하지만 문제와 경제를 거치면서 한 제국은 사회 경제의 기초 체력을 회복했으며, 주위의 이민족을 압도할 만한 국력을 가지게 되었다. 특히 한 문제는 기존의 소극적인 수세에서 적극적인 공세로 국정의 기조를 수정했다. 문제는 자신의 이상을 실현하기 위해서 법가의 인물을 통해 사회 제도를 공고하게 만들고, 병가의 인물을 통해 흉노 등 주변 민족을 정복했으며, 유가의 인물을 통해 전통 문화의 수호자 역할을 하고자 했다. 이때 공자를 비롯한 유가의 인물이 한 제국의 조정에 대거 중용되었고, 황로도가의 인물은 조정에서 물러나 학술계의 패러다임이 바뀌게 되었다.

새롭게 학술계의 주역으로 등장한 유학자들은 진 제국의 분서갱유 정책으로 인해 사라진 고전 경전을 수집해서 텍스트를 복원하고자 했다. 그들은 한편으로 경전의 의미를 밝히기 위해서 주석 작업에 매진했고, 다른 한편으로 경전을 현실 정치(생활)를 규제할 수 있는 지침을 끌어내고자 했다. 이 과정에서 유학자들은 각자 자신이 해석하는 경전의 권위를 강조하고 자신의 해석을 옳다고 주장하면서 학술계의 권위를 얻기 위해 부단히 치열하게 경쟁했다.

유가의 성세도 그렇게 오래가지 못했다. 후한이 통제력을 잃으면서 위·촉·오의 삼국이 경쟁하는 새로운 시대가 열렸다. 조조의 위나라가 통일을 했다가 사마의司馬懿, 사마소司馬昭, 사마염司馬炎 등의 진晉나라에게 나라를 넘기게 되었다. 수隋·당唐에 의해서 통

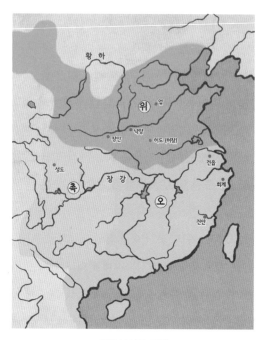

삼국시대의 진용

일이 되기까지 위진남북조시대는 정치적으로 왕조가 단명을 했다.

　그래서 정치만 불안한 것이 아니라 학술계와 일상생활마저 불안하기 그지없었다. 정정이 불안할 때마다 숙청이 되풀이되고 왕조가 바뀔 때마다 정치적 보복이 뒤따랐다. 이제 학술계는 영원한 이상을 실현하는 문제보다 변화하는 세태에서 불안을 달래며 자신의 행복을 가꾸거나 세상사에 관심을 끊고서 몰두할 새로운 세계를 찾아냈다. 그 결과 서정시가 생겨나고, 음악과 회화가 의례용

당나라 고조와 태종의 초상

고조는 건국의 공을 세우고 태종은 평화의 시대를 이룩한 공을 세웠다. 이들의 업적 뒤에는 피 흘리며 죽어 갔던 수없는 사람의 희생이 있었다. 훗날 남송에서 진량은 그 공을 보고 두 사람을 긍정했지만, 주희는 그 과를 보고 두 사람을 비판했다.

예술에서 개성을 표현하는 장르로 바뀌었다. 학술계도 변화와 운수를 강조하는 『노자』, 『장자』, 『주역』 등에 많은 관심을 쏟았다.

아울러 『노자』와 『장자』는 아주 우연적인 요인에 의해서 이전과 비교할 수 없는 인기를 누리게 되었다. 이연李淵과 이세민李世民 부자는 618년에 양위 형식으로 당 제국을 세웠다. 당시는 귀족 사회의 특징이 있었으므로 천자라면 그에 어울리는 '빛나는 가문'의 역사를 가지고 있어야 했다. 이연은 막상 황제가 되었지만 출신 가문으로 인해 정통성이 불안했다.

이를 보완하기 위해 모든 문헌을 뒤진 끝에 이씨가 뼈대 있는 가문의 후예라는 점을 밝힐 수 있게 되었다. 『사기』를 보면 선진시대 노자가 '이이李耳'로 소개되어 있다. 당시 노자는 이미 사상과 학술 세계의 슈퍼스타로 대접받던 상황인지라 노자(이이)와 당 제국과의 혈연적 연대는 이연이 가지고 있던 불안을 한꺼번에 날려주는 쾌거라고 할 수 있었다.

이후 당 제국은 노자를 선조로 여겨서 절대적인 존숭을 게을리하지 않았다. 구체적으로 말하면, 노자는 '태상현원황제太上玄元皇帝'로 추존되었고 책은 『도덕경道德經』으로 불리면서 과거 시험 과목에 추가되었을 뿐만 아니라 각 가정에 비치하도록 했다. 아울러 국립도학연구소에 해당되는 숭현학崇玄學을 설치 운영하였고, 노자가 태어난 해를 기원전 1301년으로 산정하여 도력道曆을 창설하고, 태어난 날을 국가의 축일로 하는 정책을 시행하였다.[92]

선진시대의 노자를 당나라와 직접 연결시키기가 부담스럽게 느껴지자 한 제국 무제 시기의 이릉李陵을 중시조로 세우기도 했다. 이릉은 흉노족과의 대결에서 큰 공을 세웠지만 중과부적으로 항복했다. 사마천은 이릉을 변호하다가 황제의 기망죄로 궁형을 받게 되었다.[93]

당 제국 시절에 노자가 당 제국의 정통성을 입증하는 인물로

---

92) 구보타 료온酒井忠夫 외, 최준식 옮김, 『도교란 무엇인가』, 민족사, 1990; 1991 2쇄, 55~57쪽.
93) 도미야 이타루富谷至, 이재성 옮김, 『나는 이제 오랑캐의 옷을 입었소―이릉과 소무』, 시공사, 2003 참조.

각광을 받게 되자 그 혜택이 장자에까지 미치게 되었다. 일찍이 노자와 장자는 합쳐서 '노장老莊'으로 불릴 정도로 '도가'의 사상가로 널리 알려져 있다. 장자는 이전과 달리 '남화진인南華眞人'으로 불리고, 그의 책은 '남화진경南華眞經'으로 불렸다. 그는 노자만큼 존중받지 못했지만, 자子의 존칭에서 도교의 진인眞人이 되었고 책은 '경'으로 취급되었다.

노자와 장자는 선진시대에는 상앙, 손무, 추연에 비해서 한 제국의 시대에는 공자에 비해서 높은 대접을 받지 못했지만, 위진시대와 수당시대에 이르러 앞선 인물에 결코 뒤지지 않는 최고의 대접을 받게 되었던 것이다. 이렇게 노자와 장자는 선진시대에 활약하고 수당시대에 크게 부각되었지만, 그때마다 그들의 사상은 각각 다르게 해석되기도 하고 이용되기도 했다. 즉, '노자'와 '장자'라는 이름이 같다고 하더라도 시대마다 그 사상이 달랐던 것이다. 따라서 노자와 장자를 제대로 이해하려면, 언제 어떤 노자와 장자인지를 구분할 필요가 있다.

마지막으로 『장자』라는 책의 구성을 간단히 알아보자. 오늘날 『장자』는 「내편內篇」 7편, 「외편外篇」 15편, 「잡편雜篇」 11편 등 모두 33편으로 되어 있고, 글자 수는 64,000여 자가 된다. 『한서』에는 「내편」 7편, 「외편」 28편, 「잡편」 14편, 「해설」 3편 등 모두 52편으로 소개되어 있고, 『사기』에는 글자가 10만여 자로 소개되어 있다. 따라서 지금 남아 있는 『장자』는 『한서』와 『사기』의 $\frac{2}{3}$에 해당된다고 한다. 내·외·잡의 세 편 중에서 「내편」이 장자의 사상을 가장 잘 진실되게 반영하고 있고, 나머지는 장자의 후학들이 지은 글로 간주되고 있다. 이렇게 보면 어느 시대의 어떤 자료를 보느냐에 따라 장자의 사상이 달라질 수 있다. 우리가 장자의 사상을 알려면, 자신이 무슨 장자를 말하는지부터 분명하게 해야 할 것이다.

경전은 쓰고 남은 찌꺼기일 뿐이다

전구를 갈아 끼울 때 힘껏 용을 쓰더라도 전구가 소켓에 들어가지 않는 경우가 있다. 반대 방향으로 돌리니 전구가 소켓에 들어갈 리가 없는 것이다. 이처럼 일을 할 때에는 사물이 서로 어울리게 하거나 이치에 닿게 처리해야 한다. 마음만 앞세워서 서두르려면 될 일도 오히려 제대로 풀리지 않는다. 이를 사자성어로 원조방예圓鑿方柄라고 한다.

이 말은『초사』「구변」의 "둥근 구멍에 네모난 자루를 끼우니, 나는 둘이 서로 맞지 않아 끼우기 어렵다는 걸 원래 알았다네."[94]

---

94)『초사楚辭』「구변九辯」: 圓鑿而方柄兮, 吾固知其鉏鋙而難入.

멍청현 장자사와 민취안 탕좡촌 장자능원

장자사와 장자능원은 오늘날 장자를 기리는 대표적인 장소이다. 두 곳을 찾았을 때 잘 가꾸지도 돌보지도 않아 안타까움이 들었다. 하지만 이것이 없었으면 내가 그곳으로 발걸음을 했을까? 새삼 무엇인지 먼저여야 하는지 고민이 되었다.

라는 구절에 처음으로 나온다. 이와 비슷한 말로 방저원개方底圓蓋, 원공방목圓孔方木 등이 있다. 우리는 어떻게 하면 자루를 제대로 끼울 수 있는지 안다. 둥근 구멍에 맞는 둥근 자루를 구하면 된다.

우리는 삶에서 구멍에 나무를 끼우는 것보다도 복잡한 일을 겪는다. 그때 어떻게 해야 할까? 공자는 전통을 알고 있는 현자에게 물어 보거나 책을 보라고 할 것이다. 맹자는 마음이 움직이는 선한 방향대로 하라고 할 것이다. 여기서 맹자가 말하는 마음의 선한 방향과 공자가 말하는 전통은 결국 합치된다. 마음에 드러나는 것을 종이(죽간)에 옮겨 적으면 책이 된다. 따라서 공자의 책이 맹자의 마음과 같다고 할 수 있다.

그렇다면 공자와 맹자는 문제 상황을 해결하려면 옛날부터 찾아낸 집단 지성의 결과물을 적어 놓은 책을 펼치라고 권하는 셈이다. 장자는 공자와 맹자의 제안에 대해서 어떻게 생각할까? 결론부터 말하면, 그는 책을 볼 필요가 없다고 말한다. 책을 보더라도 도움을 받지 못하고 방해만 될 뿐이라고 말한다. 장자는 도대체 어떤 문맥에서 이런 주장을 하는 것일까?

「천도天道」를 보면 춘추시대 초기 패자로 이름을 날렸던 제齊나라 환공桓公과 수레바퀴를 만드는 장인 윤편輪扁의 가상 대화가 나온다. 장자는 역사적 위인을 논의의 주인공으로 등장시켜서 이야기의 파급 효과를 극대화시키고 있다. 우리는 등장인물이 아니라 이야기의 내용에 주목해야 한다. 이처럼 장자는 두 사람의 대

화 형식을 빌려서 책이 왜 쓸모없는지 자신의 이야기를 들려주고
자 한다.

환공이 마루 위에서 책을 읽고 있었고, 윤편이 마루 아래에서
수레바퀴를 깎고 있었다. 실제로 두 사람이 같은 공간에 있을 리가
없지만 장자는 둘이 함께 있는 가상의 공간을 문학적으로 창조해
내고 있다. 장자는 가상 세계와 현실 세계를 묘하게 뒤섞어서 논의
를 이끌어 가고 있으므로, 이야기의 장치를 액면 그대로 믿어서는
안 된다.

> 윤편이 몽치와 끌을 내려놓고 환공에게 물었다. "감히 묻자온데, 공이
> 읽고 있는 것은 무엇입니까?"
> 환공이 대답했다. "성인의 말씀이네요."[95]
>
> 윤편이 물었다. "성인이 살아 있습니까?"
> 환공이 대답했다. "이미 죽었네요."[96]
>
> 윤편이 말했다. "그렇다면 공께서 읽고 있는 것은 옛 사람들의 찌꺼
> 기이군요."

---

95) 「천도」: 輪扁斲輪於堂下. 釋椎鑿而止. 問桓公曰: 敢問公之所讀者何言邪? 公曰: 聖人之言也.(안동
림, 364~365)
96) 「천도」: (輪扁) 曰: 聖人在乎? 公曰: 已死矣.(안동림, 365)

환공이 말했다. "과인이 책을 읽는데 수레바퀴 기술자 따위가 어찌 왈가왈부하는가? 나를 설득한다면 무사히 살려 두겠지만 설득하지 못하면 죽게 되리라."[97]

윤편이 대답했다. "저는 제가 평소에 늘 하는 일로 살펴보겠습니다. 수레바퀴를 깎을 때 많이 깎으면 헐렁거려서 꽉 맞물리지 않고, 덜 깎으면 빡빡해서 들어가지 않습니다. 더 깎지도 않고 덜 깎지도 않게 하는 것은, 손 감각으로 터득하여 마음에 흡족할 뿐 입으로 말할 수 없으니 바로 그 사이에 비결(기술)이 존재합니다. 저도 이를 제 자식에게 일깨워 줄 수 없고, 제 자식도 저에게 그것을 받을 수 없습니다. 이때문에 나이가 70이 되었지만 늘그막에 아직 수레바퀴를 깎고 있습니다. 옛 사람은 전해줄 수 없는 것과 함께 죽었습니다. 그렇다면 군주께서 읽고 있는 것도 옛 사람의 찌꺼기일 뿐입니다."[98]

우리는 두 사람의 대화를 끝까지 읽기 전에 공포물을 보는 것처럼 긴장할 수 있다. 고대 사회에서 왕조차 성인의 말씀을 존중하고 성인을 받들어 모신다. 그만큼 성인의 가치가 절대적이라고 할

---

97) 「천도」: (輪扁) 曰: 然則君之所讀者, 古人之糟魄已夫. 桓公曰: 寡人讀書, 輪人安得議乎? 有說則可, 無說則死.(안동림, 365)

98) 「천도」: 輪扁曰: 臣也, 以臣之事觀之, 斲輪徐則甘而不固, 疾則苦而不入. 不徐不疾, 得之於手, 而應於心, 口不能言. 有數存焉於其間, 臣不能以喩臣之子, 臣之子亦不能受之於臣. 是以行年七十而老斲輪. 古之人與其不可傳也死矣. 然則君之所讀者, 古人之糟魄已夫.(안동림, 365)

수 있다. 반면, 나라에 예속된 장인이 성인의 책이 지닌 가치를 부정하고 있다. 이것은 곧 성인의 가치를 부정하는 것이다. 윤편은 성인의 모독 범죄를 저지른 셈이라고 할 수 있다. 생각이 여기에 미치면 우리는 "윤편이 쓸데없이 나섰다가 목숨을 잃지 않을까?" 라고 걱정하기 십상이다.

이것은 쓸데없는 걱정이다. 장자가 어떤 사람인가? 그는 윤편의 대답을 통해서 멋진 반전을 마련하고 있다. 윤편은 수레바퀴 만드는 일에 일생을 바친 사람이다. 나이가 70이 되었으면 자식에게 일을 물려줄 만하다. 웬만한 작업 공정을 매뉴얼로 만들어 놓고 실습을 하면 아버지가 자식에게 넘겨줄 수 있다. 맞는 말이다. 현대 산업이 3S(표준화standardization, 단순화simplification, 전문화specialization)를 통해서 대량 생산을 이루어 낸 만큼 수레바퀴의 제작도 자동화가 가능할 수 있기 때문이다.

윤편도 그 사실을 모르는 것이 아니다. 하지만 그는 정확하게 계량화될 수 없는 지점이 있다는 이야기를 하고자 하는 것이다. 수레바퀴는 오늘날 자동차 바퀴처럼 사람의 생명과 직결된다. 바퀴살이 빠지면 바퀴가 부서지고, 바퀴가 부서지면 수레가 망가지고, 수레가 망가지면 그 위의 사람이 위험해지게 된다. 이처럼 한 치의 오차도 허용할 수 없는 정밀 작업인지라 계량화가 불가능한 것이다.

여기서 우리가 수레바퀴의 자동화 공정 자체에만 초점을 맞추면, 장자 이야기의 초점을 잃게 된다. 오늘날 기준으로 보면 수레바퀴의 제작은 완전한 자동화가 가능할 수 있다. 하지만 장자는 계량화할 수 없는 세계가 있다는 것을 말하고 있는 것이다.

이것은 이해하기가 그렇게 어렵지 않다. 오늘날 자동차는 자동화 방식에 따라 대량으로 생산하기도 하지만, 수제의 자동차는 훨씬 고가로 팔린다. 또 음식과 술의 경우 레시피 대로 만들더라도 만드는 사람에 따라 손맛의 차이가 난다. 그래서 단골집의 주방장이 바뀌면 우리는 발길을 끊기도 한다.

장자는 한 술 더 떠서 윤편의 수레바퀴 이야기를 통해서 사람의 인생살이를 말하고자 한다. 환공은 문제 상황에 처해서 책에서 답을 찾으려고 한다. 윤편의 생각에 따르면, 책의 대답은 환공의 개별적 상황에 대해서 약간 헐거울 수도 있고 약간 빡빡할 수도 있다. 즉, 책은 일반적인 언명으로 "어떻게 하라!"는 식으로 되어 있으므로, 모든 상황에 들어맞을 수가 없다. 우리가 명절에 제사를 지낼 때도 음식을 진설하고 절하는 방식도 지방마다 다르다. 지침서에서는 "이렇게 한다!"라고 하지만, 그것은 제안이나 권고에 불과하지 철칙이라고 할 수가 없다. 만약 철칙이라면 제사를 지내지도 못하고, 어떻게 절하고 음식을 놓느냐를 두고 싸우느라 시간이 다 가 버릴 수 있다.

이렇게 보면 책은 "과거에 이렇게 했다."라는 보고는 될 수 있지만, 현재와 미래에 "이렇게 하고 저렇게 해야 한다."라는 기준이 될 수는 없는 것이다. 즉, 장자는 윤편의 대답을 통해서 책이 가진 한계를 말하고 있는 것이다. 그래서 윤편은 당당하게 "공께서 읽고 있는 것은 옛 사람들의 찌꺼기이다."라고 말했던 것이다.

곰곰이 생각해 보면, 한편으로 환공의 생각이 맞아 보이기도 하고, 다른 한편으로 윤편의 생각이 맞아 보이기도 한다. 즉, 상황과 관점에 따라서, 책이 중요하기도 하고 책을 뛰어 넘어야 하기 때문이기도 하다. 장자는 이러한 관점주의를 말하고자 하지 않는다. 사람이 부닥치는 상황과 사건은 모두 그 나름의 고유한 특성을 가지고 있기 때문이다. 하지만 우리는 몇 번의 경험으로 "이것은 이렇고 저곳은 저렇다."라는 식으로 견적을 뽑고 결론을 내린다. 그 다음에는 새로운 상황을 만나더라도 별다른 생각을 하지 않고, 앞서 내린 견적과 결론에 따라서 판단을 한다.

장자는 이렇게 굳어진 마음을 「제물론」에서 성심成心이라고 불렀다. 한 번 마음이 굳어지게 되면 여간해서 바뀌기가 어렵다. 굳어진 마음에 어긋나면 잘못된 것이고, 그것에 일치해야만 올바르게 된다. 성심이 기준이 되지 못하고 모든 것을 왜곡하는 주범이 되는 것이다. 장자는 이를 알았기에 다음처럼 말했다. "굳어진 마음을 따라서 그것을 스승으로 삼는다면 어느 누구에게 스승이 없겠는가?"[99]

---

99) 「제물론」: 夫隨其成心而師之, 誰獨且無師乎?(안동림, 56)

멍청현 장자사 몽접루의 뒷면 '도道' 자와 장자사를 청소하는 아저씨

장자하면 '도'가 연상이 된다. 장자사를 돌아보며 어디에 도가 있을까 어리석은 질문을 던져 보았다. 그때 열심히 비질을 하는 아저씨 또는 할아버지가 눈에 들어왔다. 『장자』에 나오는 숱한 기인처럼 비질이 예사롭지 않았다.

그렇다면 어떻게 해야 하는가? 우리는 성심의 관행에 안주해서 게을러지지 않고, 성심을 넘어서 사람과 사태를 새롭게 바라보아야 하는 것이다. 즉, 사태를 늘 '처음처럼' 맞이하는 것이다. 그러나 실상 우리는 처음 연애하는 마음으로 상대를 대하면 된다는 걸 알면서도 자꾸 그걸 귀찮아하고 익숙한 관행으로 돌아가려고 한다. 이에 장자는 윤편의 입을 빌려서 "책대로 해!" 또는 "늘 하던 대로 해!"라는 성심에 안주하는 사람에게 큰 호통을 치고 있는 것이다.

『장자』와 『주역』, 자연의 리듬을 말하다

"『주역』은 어떤 학파의 책일까?" 보통 『주역』은 유가의 책이라고 말한다. 물론 이러한 대답은 나름대로 일리가 있다. 하지만 『주역』의 특성을 곰곰이 따져 보면 다른 대답도 가능하다. 『주역』은 사람이 할 수 있는 지점의 너머를 이야기하고 있기 때문이다. 반면, 유가는 사람이 천지와 함께 세계를 운영하는 주체로 설정되고 있다.(이는 사람이 하늘-땅과 함께 우주의 세 축이라는 삼재三才 사상으로 나타난다.) 이로써 『주역』과 유가는 관심사를 달리한다고 할 수 있다.

그렇다면 『주역』은 유가 이외의 어떤 학파와 연결될 수 있을까? 『주역』은 장자를 비롯한 도가와 비슷한 점을 지니고 있다. 둘 다 사람이 알 수 있는 범위를 넘어선 영역을 말하고 있기 때문이

세 발로 서 있는 솥, 구정

세 발은 인공적인 기물이 안정적으로 설 수 있는 기초이다. 두 발로도 버티지만 앞뒤로 흔
드는 힘에 약하다. 셋은 천天·지地·인人이 어우러진 세계를 나타내기도 하고, 이 세상의
지배권을 형상화시키기도 한다. 세 발로 된 구정九鼎은 지배권의 상징이다.

다. 먼저 『주역』부터 살펴보자. 사람이 일을 하고 나면 결과가 합격
과 불합격, 성공과 실패, 행복과 불행으로 갈리게 된다. 우리는 일
을 하기 전에 그 결과를 미리 알고 싶어 하기에 온갖 방법을 동원
하여 결과를 예상해 본다. 그러나 그를 확정할 수는 없다. 그것은
사람의 능력을 벗어난 영역이기 때문이다.

이때 우리는 『주역』의 점괘占卦를 통해서 사람이 간여할 수 없

는 미지의 세계를 미리 알 수 있다고 생각한다. 사람의 이성으로 계산하는 것보다 『주역』의 점괘를 통해서 드러나는 것이 더 확실하고 믿을 만하기 때문이다. 그렇다면 결국 『주역』은 이 세상에는 사람이 개입할 수 없는 '운수運數'가 있다는 것을 전제하고 있다. 그 운수가 돌고 돌다가 '나'의 상황에 어떻게 드러나게 되는 것이다. 『주역』은 점괘를 통해서 '내'가 맞이하게 될 운수를 밝히는 것이다.

『주역』의 점괘로 드러나는 운수는 『장자』에서 나오는 '천운天運', '천도天道', '천수天數' 등과 비슷하다. 자연에는 사람의 의지, 욕망, 희망 등에 좌우되지 않는 운, 도, 수가 있다는 것이다. 그렇다면 우리는 "세상이 도에 따라 움직인다."라는 결론을 다음처럼 바꾸어서 물어 볼 수 있다. "도(운, 수)에 따라 살아가려면 어떻게 해야 할까?"

장자는 '도에 따른 삶'을 직접적으로 설명하지 않는다. 하지만 그는 다양한 분야의 기술자가 일하는 모습에서 도에 따른 삶의 흔적을 읽어 내고 있다. 예컨대 그는 백정이 소를 잡고 악기 제작자가 악기를 만들고 노인이 매미를 잡고 사람이 헤엄치는 장면을 마치 한 편의 수필처럼 경쾌하게 묘사하고 있다.

이 중에서 먼저 도살업자(백정)가 소를 잡는다는 '포정해우庖丁解牛'의 이야기를 살펴보기로 하자. 포정은 『맹자』 첫 편에 나오는 양 혜왕을 모델로 한 것으로 추정되는 문혜군文惠君의 궁정에 있었다. 문혜군은 우연히 포정이 소를 잡는 장면을 보게 되었다. 이것도 현실에서 일어나기 어려운 문학적 장치이다. 문혜군은 포정의 신들린 작업을 보면서 피 튀기는 현장이 잔인한 일이 아니라 마치 아름다운 예술 공연처럼 느껴졌다.

칼이 지나는 경쾌한 소리, 사뿐사뿐 움직이는 포정의 손과 몸놀림, 포정의 움직임에 따라 변해가는 소의 모양 등은 잔인한 살상의 충격을 잊게 만들었다.

> "일하며 나는 소리는 하나같이 음절에 들어맞고, 포정의 움직임은 탕임금의 음악인 상림으로 추는 춤과 합치되고, 요 임금의 음악인 경수의 리듬에 들어맞았다."[100]

문혜군은 그의 솜씨에 반해서 감탄을 금치 못했다.

"아, 훌륭하구나! 기술(기예)이 어떻게 이런 예술적 경지에 이를 수 있는가?"[101]

포정이 칼을 내려놓고 대답했다.

"제가 좋아하는 것은 도이죠. 기술보다 훨씬 낫죠. 제가 처음에 소를 잡을 때 보이는 건 온통 소였습니다. 3년이 지난 뒤 눈에 가득한 소

---

100) 「양생주」: 莫不中音, 合於桑林之舞, 乃中經首之會.(안동림, 92)
101) 「양생주」: 譆, 善哉! 技蓋至此乎?(안동림, 93)

전체를 본 적이 없습니다. 지금에 이르러 저는 정신으로 만나지 눈으로 보지 않습니다. 감관(시각)이 그칠 줄 알고, 정신이 저절로 움직입니다. 칼을 소의 자연적인 결[천리天理]에 따라 움직여, 가죽과 고기 그리고 살과 뼈 사이의 커다란 틈새로 비집어 들어가고, 빈 곳으로 요리조리 움직여서 소가 원래 그렇게 생기는 대로 따라갑니다. 탁월한 칼 기술로 아직 뼈가 모이고 힘줄이 뭉친 곳을 건드린 적이 없습니다."[102]

포정은 문혜군의 감탄을 받고서 자신의 솜씨가 기예가 아니라 도와 잇닿아 있다는 점을 서두에 밝히고 있다. 그는 스스로 기를 가진 사람이 아니라 도를 가진 사람으로 자리매김하고 있다. 이어서 그는 칼을 처음 잡았을 때의 아찔한 느낌을 고백하고 있다. 미리 칼 쓰는 기술을 배웠지만, 정작 칼을 잡고 소 앞에 서니 소는 실제보다 몇 곱절이나 큰 모습으로 다가왔다. 포정은 거대한 소에 압도 당해서 어찌할 줄을 몰랐던 것이다. 즉, 평소 갈고 닦은 실력을 제대로 발휘하지도 못하고 어리바리하게 굴며, 칼을 연신 뼈에 부딪쳤던 것이다.

한 3년이 지나자 실제보다 큰 소의 환상이 사라지게 되었다. 이

<hr>

102) 「양생주」: 庖丁釋刀對曰: 臣之所好者道也, 進乎技矣. 始臣之解牛之時, 所見無非牛者. 三年之後, 未嘗見全牛也. 方今之時, 臣以神遇, 而不以目視, 官知止而神欲行. 依乎天理, 批大郤, 導大窾, 因其固然, 技經肯綮之未嘗, 而況大軱乎?(안동림, 93)

제야 비로소 소를 소로 보게 된 것이다. 이런 시간을 맞이하게 되자 포정은 눈과 손의 감각으로 소의 살과 뼈를 발라내지 않게 되었다. 그는 소의 뼈와 살, 살과 살 사이에 크고 작은 틈이 있다는 것을 알아차리게 되었다. 이제 무리하게 살을 자르고 뼈를 건드리지 않고, 그냥 칼이 틈 사이로 지나가는 것이다. 이 경지는 당황하는 초보자의 호들갑 떠는 솜씨도 아니며 젠체하는 경험자의 거들먹거리는 솜씨도 아니다. 그것은 살과 뼈를 건드리지 않고 칼이 지나갈 결에 따라서 소를 해체하는 아주 자연스러운 과정이다.

이러한 경지에 이른 뒤에 장자는 백정의 수준을 세 가지로 나눈다. 첫째, 달마다 칼을 바꾸는 족포族庖이다. 족포는 자연의 결을 가리키는 천리天理를 어기고, 무리無理하게 칼을 움직이느라 자주 뼈를 건드리기 때문에 칼날이 쉽게 상하게 된다. 둘째, 해마다 칼을 바꾸는 양포良庖이다. 양포는 뼈를 건드리지 않지만, 힘줄이며 살을 억지로 자르려고 하다 보니 칼날이 다치지 않을 수가 없다. 셋째, 19년 동안 수천 마리의 소를 잡았지만 쓰던 칼날이 새 칼처럼 아무런 변화가 없는 포정이다. 포정은 천리에 따라 칼을 움직이므로 칼을 쓰지 않는 것과 같다.

장자는 포정해우를 통해서 사람이 자연의 흐름에 인위적으로 개입하여 자연을 욕망에 충실하게 가공하거나 세상을 어떤 방향(목적)으로 끌어가려는 시도를 부정하고 있다. 그렇게 하면 칼을 자주 바꾸는 것처럼 사람을 다치게 만들기 때문이다. 바로 이 지점

팔대산인, 「연꽃 위의 작은 새荷花小鳥」

팔대산인은 먹을 많이 써서 자신이 생각하는 구상을 그리지 않는다. 그는 먹을 무척 아낀
다. 하지만 선이 지나간 자리에 하나의 세계가 펼쳐진다. 작은 새의 잔잔한 긴장감과 새를
안은 연꽃의 긴장감이 잔잔히 전해진다.

에서 알 수 있듯이 장자는 『주역』과 마찬가지로 자연에는 사람이 인위적으로 끼어들어서 바꿀 수 없는 뭔가가 있다고 주장하고 있는 것이다. 포정해우에서는 그것을 '천리'라고 했고 다른 곳에서는 '도'라고 말하는 것이다.

다른 이야기를 살펴보자. 공자가 초나라를 가는 중에 막대기로 매미를 잡는 구루자佝僂者, 즉 꼽추 노인을 만나게 되었다. 학교 다닐 때 방학 숙제로 곤충 채집이 들어 있었다. 채를 들고 이리저리 뛰어다녀도 매미를 잡기가 쉽지 않다. 그런데 구루자는 매미를 한 마리씩 잡는 것이 아니라 여러 마리씩 마구 쓸어 담았다. 하도 신기해서 공자가 구루자에게 매미 잡는 비결을 물었다.[103]

구루자는 평소 막대기 위에 구슬을 여러 개 올려 놓고서 떨어뜨리지 않는 연습을 했다. 이 솜씨는 연말의 텔레비전 마술 프로그램에서 막대기로 여러 개의 접시를 돌리는 장면을 닮아 있다. 구루자가 연습을 거듭하다 보니 막대기 위에 구슬을 여러 개 겹쳐도 떨어지지 않을 정도가 되었다. 즉, 구루자는 사람이지만 매미가 사람으로 느끼지 못할 정도가 된 것이다. 구루자는 가을날 들판에 세우는 허수아비와 다르면서도 닮았다. 보통 허수아비는 사람이 아닌데 사람으로 여겨지기를 바라지만, 이 허수아비는 사람인데 사람으로 여겨지지 않는 것이다.

---

103) 「달생」: 仲尼曰: 子巧乎! 有道邪? 曰: 我有道也.(안동림, 468)

여기서도 살펴보면, 매미를 잡으려고 하면 사람이 매미보다 더 빠르게 움직이고 더 예민하게 쫓아가야 한다. 이러한 사람의 특성이 드러나면 드러날수록 매미는 사람에게서 멀어진다. 하지만 구루자는 마른 나뭇가지처럼 더 이상 사람이지 않게 되자 매미를 쓸어 담게 된 것이다.

또 다른 이야기가 있다. 공자가 높이가 몇 십 미터가 되고 물거품이 40리나 되는 여량呂梁에 놀러갔다. 보통 사람은 떨어지는 폭포수를 구경하지 그 안에서 목욕할 생각을 하지 못한다. 그런데 폭포에서 어떤 사람이 보였다가 가라앉았다가를 반복하고 있었다. 공자가 그 사람의 안전을 걱정하고 있을 때 머리를 길게 늘어뜨리며 폭포에서 한 사람이 걸어 나왔다. 공자는 그 사람에게 다가가서 헤엄치는 비결을 물었다.[104] 그는 겉으로 보면 위험해 보일지 몰라도 폭포수에는 나름대로 물의 흐름이 있다고 말했다. 따라서 자신에게 특별한 도가 있는 것이 아니라 억지로 물살을 거스르지 않고 물살을 타기에 물에 빠지지 않는다고 해명했다.

이제 『장자』와 『주역』의 닮은 점이 분명해졌으리라고 본다. 때를 가지고 두 문헌의 유사성을 살펴보면 다음과 같다. 『장자』는 모든 일이 "때와 더불어 줄어들었다 늘어난다."[105]라고 하고, 『주

---

104)「달생」: 請問蹈水有道乎?(안동림, 477)

105)「도척盜跖」: 與時消息.(안동림, 725)

역』에서는 "덜고 더하고 차고 비는 것이 모두 때와 더불어 일어난다."[106]라고 했다. 둘이 참으로 닮지 않았는가?

---

106) 「손괘損卦」: 損益盈虛, 與時偕行.

유용성과 무용성의 변증법

돼지꿈을 꾼 날은 보통 복권을 산다. 당첨될 확률은 낮지만 당첨되는 사람은 일확천금을 손에 넣을 수 있기 때문에 복권은 식지 않는 인기를 모으고 있다. 2002년에 우리나라에서 로또가 시작될 때 당첨금이 이전의 복권과 달리 천문학적으로 많았다. 이후 '인생 역전'이라는 말을 탄생시킬 정도로 로또는 한때 광풍을 불러일으켰다.

로또에 당첨되어서 그간의 불행을 끝내고 행복한 삶을 사는 사람도 많다. 하지만 종종 로또 등으로 일확천금을 번 사람들이 로또에 당첨되기 이전보다 더 불행하게 되었다가 비참하게 생을 마감하는 경우도 있다. 이러한 이야기가 나오면 로또가 과연 사람을 행복하게 하느냐 불행하게 하느냐가 논란이 되곤 한다. 평소 만져보지 않던 큰돈이 손에 들어오면 사람이 어찌 할 줄을 몰라서 흥청망청할 가능성이 있는 것이다. 그래서 속된 말로 "고기도 먹어본 놈이 잘 먹는다."라고 하고 "우승을 해본 놈이 한다."라며 경험의 DNA를 강조한다.

『장자』에도 살펴보면, 경험의 DNA와 비슷한 이야기가 나온다. 「소요유逍遙遊」에서 장자와 그의 친구 혜시惠施가 큰 박의 용도를 두고 이야기를 나누고 있다. 위魏나라 임금이 혜시에게 큰 박의 씨를 선물로 주었다. 혜시가 그 씨를 심었더니 집채만 한 큰 박이 열렸다. 하지만 박의 안을 긁어서 물을 담으니 물이 새고, 쪼개서 바가지를 만들어도 너무 커서 물건을 담기에 불편했다. 혜시는 한참 박의 용도를 생각하다가 더 이상 뾰족한 방법이 떠오르지 않자 아깝지만 박을 쪼개 버렸다.

혜시가 이 이야기를 장자에게 해주었다. 장자는 그 이야기를 듣고서 혜시가 한심한 듯이 혀를 끌끌 차면서 말했다. 그는 "큰 박을 튜브처럼 만들어 배처럼 바다에 띄워서 놀지도 못하고, 도대체 뭘 담아야 하는지 고민만 할 정도로 좀생원처럼 마음이 꽉 막혀 있느냐?"라고 말했다.[107]

우리는 입만 열면 지금 더 많은 것을 가지려고 한다. 그런데 정

---

107) 「소요유」: 今子有五石之瓠, 何不慮以爲大樽, 而浮乎江湖, 而憂其瓠落無所用? 則夫子猶有蓬之心也夫!(안동림, 43)

작 그렇게 원하던 것이 뭉텅이로 주어지면 우리는 그것을 처치하느라 힘겨워 한다. 그때 우리는 박을 쪼갠 혜시처럼 마구 써 버려서 없는 상태로 돌아가 버리곤 한다. 즉, 제대로 쓸 줄도 모르면서 무조건 "더 많이!" 가지고자 하는 것이다.

이렇게 보면 유용성과 무용성에는 모두에게 뚜렷하게 나뉘는 기준이 있는 것이다. 같은 것을 두고도 혜시와 장자는 전혀 다르게 생각하고 있다. 큰 박은 혜시에게 무용하지만 장자에게는 유용하다. 물론 이 이야기를 지능의 차이로 볼 수도 있다. 즉, 혜시는 큰 박을 담는 것으로만 생각한 반면, 장자는 그것을 띄우는 것으로 생각해 내고 있기 때문이다. 하지만 장자의 다른 이야기를 보면, 큰 박의 이야기는 단순히 개개인의 지능 차이보다는 유용성과 무용성이 변증법적으로 뒤엉키는 측면을 말하고 있다고 할 수 있다.

우리는 보통 유용한 것을 가지려고 하고 무용한 것을 버린다. 유용한 것은 나에게 도움이 되지만 무용한 것은 아무 짝에도 쓸모가 없기 때문이다. 하지만 큰 박의 이야기에서도 보았듯이, '쓸모'라는 것은 주관적이어서 생각하기에 따라 유용과 무용이 뚜렷하게 잘 구별되지가 않는다.

장자는 더 나아가서 사물의 관점에서만 유용성과 무용성을 이야기하지 않고, 생명의 차원으로 이야기를 확대시키고 있다. 장자는 전쟁하는 나라들의 시대, 즉 전국戰國시대를 살았다. 이 시대를 살아간다면 누구도 전쟁으로부터 자유로울 수가 없었다. 만약 국

성균관 문묘(왼쪽)와 명륜당의 은행나무(오른쪽)

성균관 문묘와 명륜당의 은행나무는 열매를 맺지 않는다. 전하는 이야기로는 일제강점기에 불임의 조처를 당했다고 한다. 하지만 열매가 열린다면 그 큰 나무가 온전하게 살아남을 수 있었을까? 오래 살아남아서 가을날 큰 나무를 물들이는 노란색의 그림이며, 겨울날한꺼번에 떨어지는 낙엽의 춤을 볼 수 있다. 우리의 후손도 그 장엄한 광경을 보았으면 좋겠다.

가가 '나'를 쓸모 있다고 판단해서 전쟁으로 내보내면, '나'는 고도로 위험한 상태에 놓이게 된다. 우리나라에는 아직도 비정상적인 방법으로라도 병역을 피하려는 사람이 있는 만큼, 전국시대의 사람들도 징집을 피하고 싶었을 것이다.

역설적인 상황이 생겨난다. 우리는 유용한 것을 바라고 가지려고 하지만, 징집의 경우엔 스스로가 유용하기보다 무용하기를 바란다. 군대에 가면 죽을 가능성이 커지기 때문이다. 이렇게 보면 유용성과 무용성은 또다시 경계가 선명하지 않게 된다. 이렇게 장자는 유용과 무용의 경계를 흐릿하게 만들고 난 뒤에, "유용한 존재가 되어야 하는가 아니면 무용한 존재가 되어야 하는가?"라는 진지한 질문을 던진다. 이제 우리는 선뜻 "유용한 존재가 되어야지요!"라고 쉽게 결론을 내리지 못한다. 유용한 존재가 되어야 한다면 우리 자신이 위험해질 수 있기 때문이다.

장자는 사물의 관점이 아니라 생명의 관점에서 논의를 이끌어 간다. 논의는 세 단계를 거친다. 첫째, 생명을 지키기 위해서 무용성의 관점에 서야 한다고 말한다. 이것은 보통 사람들이 유용성을 우선시하는 상식을 정면으로 뒤집는 것이다. 둘째, 무용성에 선다고 하더라도 반드시 생명이 온전하게 보장되지 않는다. 앞에서 긍정했던 무용성이 다시 부정되고 있다. 셋째, 유용성과 무용성이 한계를 가지므로 둘을 뛰어넘는 새로운 종합이 필요하다.

먼저 첫 번째 측면을 살펴보도록 하자. 장자가 산길을 가다가 가지와 잎이 무성한 나무를 보게 되었다. 장자는 그만한 쓸모가 있는 나무라고 생각했다. 마침 그 나무 주위에 목재를 찾아다니는 목수가 있었다. 장자는 목수가 그 나무를 베겠거니 생각했는데, 목수는 주저 없이 길을 떠나려고 했다. 궁금하면 묻는 것을 참지 못하는 장자는 목수에게 그 까닭을 물었다.

　　목수 : "쓸모가 없습니다."
　　장자 : "이 나무는 재질을 갖추지 못해서 천수를 누리는구나!"[108]

　　나무가 쓸모가 있다면 목수는 그 나무를 벴을 것이다. 나무는 생명을 다하는 것이다. 하지만 목수의 눈에 그 재질을 갖추지 못했기 때문에 톱질을 받지 않게 된 것이다. 무용성은 생명을 끝까지 누리게 만드는 것이다. 장자는 이와 비슷한 이야기를 자주 했다. 과실수는 제 몸에 과일을 달고 있기 때문에 일찍부터 사람 손을 타게 되지만, 옹이가 많은 나무는 쓸데가 없고 손질할 수가 없어서 목수가 거들떠보지 않는다. 장자는 이를 '산목散木', 즉 사람의 용도에 맞지 않아 쓸데없는 나무라고 말했다.[109]

---

108) 「산목山木」: 莊子行於山中, 見大木枝葉盛茂. 伐木者止其旁而不取也. 問其故. 曰: 無所可用. 莊子曰: 此木以不材得終其天年!(안동림, 487)

109) 「인간세」: 弟子厭觀之, 走及匠石曰: 自吾執斧斤以隨夫子, 未嘗見材如此其美也. 先生不肯視, 行不輟, 何邪? 曰: 已矣, 勿言之矣. 散木也. 以爲舟則沈, 以爲棺槨則速腐.(안동림, 134)

두 번째를 이야기해 보자. 장자는 유용성을 넘어 무용성으로 눈을 돌리라고 사람들에게 제안했다. 장자가 벌목하는 목수와 헤어져서 친구 집을 찾아갔다. 친구는 오랜 만에 장자를 만나니 반가워서 산 기러기를 한 마리 잡아서 대접하려고 했다. 마침 집에 울 줄 아는 놈과 울 줄 모르는 두 마리 산 기러기가 있었다. 주인이 산 기러기를 잡으라고 하자 집에서 일하던 동자가 어떤 놈을 잡을지 물었다. 주인은 "울 줄 모르는 놈을 잡아라!"고 시켰다. 상황이 이렇게 되자 어제 장자를 따라왔던 제자들이 갑자기 헷갈리게 되었다.

> "어제 산 속의 나무는 재질을 갖추지 못해 천수를 누렸지만, 지금 주인장의 산 기러기는 쓸모가 없기 때문에 죽게 되었습니다. 선생님께서는 도대체 어떻게 처신하겠습니까?"[110]

이것은 분명 딜레마이다. 먼저 유용성을 벗어나서 무용성으로 나아가라고 권했다. 하지만 무용성에 나아간다고 해서 모든 문제가 해결되는 것은 아니다. 무용성도 유용성이 갖는 동일한 문제를 가지고 있는 것이다. 이렇게 해서 세 번째 단계로 나아가게 된다. 즉, 유용성과 무용성 어느 하나만으로 문제를 해결할 수 없기 때문이다.

장자도 제자들의 질문을 당혹스러워 했다. 분명 첫 번째 단계

---

110) 「산목」: 昨日山中之木, 以不材得終其天年. 今主人之雁, 以不材死. 先生將何處?(안동림, 487)

와 두 번째 단계는 모순으로 보이기 때문이다. 장자는 두 가지 방식으로 해결의 실마리를 모색했다.

"나는 유용과 무용의 중간에 자리하겠다. 하지만 유용과 무용의 중간은 그럴 듯하지만 가짜이므로 고통으로부터 벗어날 수가 없다. 아예 사회적 관계를 떠나서 자연의 도덕에 따라 노닌다면 고통스럽지 않을 것이다."[111]

역설의 상황에 놓일 때 유용과 무용 중 어느 하나가 길이 될 수 없으므로 둘의 종합이 해결 방안으로 보인다. 하지만 유용과 무용의 중간은 결국 유용 아니면 무용이다. 즉, 상황에 따라서 이랬다 저랬다 하는 것이다. 이것은 상황의 특수성을 고려한다는 점에서 타당하지만, 전적으로 상황에 이리저리 휘둘린다는 점에서 문제를 해결할지는 몰라도 사람은 끊임없이 고통을 겪게 된다.

선택의 고통을 겪어본 사람은 장자가 말하는 '고통'의 무게를 실감할 것이다. 장자는 역시 근원적인 방향으로 나아간다. 유용과 무용을 따지는 세계에 머물고 있다면 둘의 선택과 종합으로 인해 겪는 고통을 벗어날 수가 없다. 그렇다면 어떻게 해야 할까? 아예 유용과 무용의 틀에 들어가지 않고, 그 틀의 바깥으로 나아가는 것

---

111) 「산목」: 周將處夫材與不材之間. 材與不材之間, 似之而非也, 故未免乎累. 若夫乘道德而浮游者, 則不然.(안동림, 487)

이다. 이 길은 장자가 한가하게 찾아낸 것이 아니다. 장자가 쓸모의 틀로 사람을 규정하는 시대로 인해 참을 수 없는 실존의 해체를 경험했기 때문에 찾아낸 것이다. 독약이 때에 따라 약이 된다고 해도 중병이 아닌 사람은 먹을 엄두를 내지 못하는 것과 마찬가지이다.

문명의 야만성을 넘어서기

오늘날 우리는 신자유주의와 글로벌해진 상황에 대해 찬반의 입장 차이를 가질 수 있지만, 그것으로부터 완전히 자유로울 수가 없다. 그것은 이미 우리의 사회 경제와 일상에까지 영향을 미치고 있기 때문이다. 1997년 IMF 금융 사태에서 겪었듯이, 잘 지탱해 오던 생활 기반이 하루아침에 휴지 조각으로 바뀔 수가 있다. 즉, 우리의 삶은 우리 자신의 예상을 넘어선 글로벌한 상황에 의해서 언제나 위험 상황의 나락으로 떨어질 수 있는 것이다.

그렇다면 장자의 시대에 신자유주의와 글로벌리즘이 없었다고 해서 그는 완전히 행복하게 지냈을까? 결코 그렇지 않다. 그 시대도 철기 문화, 중앙 집권적 관료 국가, 약육강식의 전쟁 상황으로 인해 겪는 고통이 만만치 않았다. 철기와 국가는 현대 사회의 저변을 이루는 제도로 정착되었지만, 장자의 시대에만 해도 '타자'였다. 철기는 토기와 청동기의 사용에 머물러 있는 공동체를 순식간에 절멸시킬 수 있는 가공할 만한 무기 제작을 가능하게 했고, 국가는 낭만적 원시 공동체를 해체시키고 권리와 의무의 관계를 새롭게 조정하면서 누구의 견제도 받지 않는 무시무시한 기구로 제 모습을 드러냈다.

철기를 가진 국가는 원시 공동체에 비해 발달한 문명의 단계로 자처하면서 사람들에게 무한한 기여와 변화를 요구했다. 이로 인해 제자백가들은 이러한 '문명'이 과연 역사의 필연적인 발전의 과정인지 아니면 거대한 탐욕의 장식인지 고민했다. 또 설령 문명이 피할 수 없는 과정이라고 하더라도 현재 진행 중인 모습이 과연 최선의 결실인지 아니면 최악인지 논란을 벌였다.

『장자』가 워낙 난해한 언어로 쓰인 탓에 장자가 세상의 변화를 강 건너 불구경한 것처럼 보일 수도 있다. 그러나 이러한 논제와 관련해서 장자는 결코 침묵하지 않았다. 그는 때로는 직설적인 어법으로 때로는 우화로 전국시대를 살아가는 사람의 벌거벗은 모습을 그려 냈다. 아울러 철기를 소유한 국가의 폭력을 비난하고, 그것을 넘어서 자연의 삶을 살고자 했다.

이제 장자가 자신의 시대에 고통을 가져온 문명의 속살을 어떻게 들추어 내는지 살펴보기로 하자. 장자는 「마제馬蹄」에서 말

소의 코뚜레와 말의 편자

사람이 소를 끌고 말을 달리게 하려면 코뚜레와 편자가 필요하다. 소와 말의 입장도 사람과 같을까? 하지만 소와 말은 코뚜레와 편자 때문에 자신이 할 수 없었던 힘을 발휘하고, 일을 해낼 수 있다. 그런데 이것도 불필요한 일일까?

을 잘 조련시키는 전설적인 인물인 백락伯樂의 이야기를 다루고 있다. 백락은 "어떤 말이든 내게 보내면 명마로 만들어 주겠다!"라고 장담했다.[112] 그는 말의 털을 지지고 발굽을 깎아 내고 편자를 박는데, 이 과정에서 말의 2~3할이 죽는다. 훈련시킬 때 굶기기도 하고

---

112)「마제馬蹄」: 我善治馬.(안동림, 257)

채찍을 휘두르기도 하는데, 이 과정에서 말의 5할이 죽는다.

그럼에도 불구하고 사람들은 백락을 명조련사라고 생각한다. 장자의 생각은 이와 다르다. 말은 원래 "제 발로 서리와 눈을 밟고, 털로 바람과 추위를 막으며, 풀을 뜯고 물을 마시며 발을 들었다 놓았다 뛰논다." 장자는 바로 이러한 모습이 말의 참된 본성[眞性]이라고 보았다. 따라서 장자는 백락이 명조련사라는 명예의 이면에 말의 진성을 억압하여 수많은 말을 죽인 사람이라고 보는 것이다. 이 이야기는 말과 조련사의 이야기이기도 하면서 철기를 가진 국가와 백성의 관계를 패러디하고 있는 것이다. 전국시대의 통치자들은 촌락 공동체의 촌민村民을 부국강병에 이바지하는 전사戰士로 길러내기 위해서 수많은 요구를 했다. 그래서 장자는 전국시대의 억압과 요구를 말의 이야기로 풀어내고 있다.

「변무騈拇」에서 장자는 말이 아니라 사람의 신체 이야기에 빗대어 현실을 들여다보고 있다. 사람은 두 개의 손과 두 개의 발을 가지고 있다. 손과 발은 각각 5개의 손가락으로 되어 있다. 장자는 엄지발가락과 둘째 발가락이 붙어서 발가락이 4개로 보이는 '변무'와 다섯 손가락에다 혹이 하나 붙어서 손가락이 6개로 보이는 '지지枝指'로부터 이야기를 풀어가고 있다.

우리는 수술을 해서라도 변무와 지지를 없애려고 한다. 왜 그럴까? 다른 사람과 달라서 신경이 쓰이기 때문에 그럴 수 있다. 장자도 변무와 지지를 사람 탓에 있어야 하는데 없거나 없어도 되는

데 뭔가 덧붙어 있는 상태를 상징하는 것으로 보았다. 여기서 그는 이야기를 사람의 자연스런 성정과 의무로 주어지는 도덕의 관계로 넓혀 간다.

도덕은 사람에게 "어떤 것을 하지 말고, 어떤 것을 하라!"는 요구를 끊임없이 한다. 그렇게 하는 것이 인간답다고 생각하기 때문이다. 하지만 장자는 도덕이 도대체 무슨 자격으로 우리에게 "하지 마라"는 요구를 할 수 있는지 묻는다. 그는 도덕이 어떠한 자격을 가지고 있지 않다고 본다. 그는 오히려 말을 조련한다면서 수많은 말을 죽인 백락처럼, 도덕도 사람을 사람답게 만든다면서 수많은 사람을 힘들게 하는 과제일 뿐이라고 보았다.

발가락과 손가락의 이야기로 돌아가면 인의仁義의 도덕은 네 발가락의 변무와 육손이의 지지처럼 원래 사람에게 없었지만 국가나 지배자의 희망에 의해서 사람에게 억지로 부과된 것이다. 이렇게 되면 우리가 수술로 변무와 지지를 고치려고 하는 것처럼, 일부러 인의의 도덕을 펼칠 것이 아니라 아예 할 필요가 없게 되는 것이다.

> "오장(몸)의 자연스런 모습에 군더더기를 붙이면, 이데올로기에 불과한 인의의 실행에 푹 빠지고 귀와 눈의 해맑은 작용을 온갖 곳에다 쓰게 된다."[113]

---

113) 「변무」: 駢拇於五藏之情者, 淫僻於仁義之行, 而多方於聰明之用也.(안동림, 243)

이처럼 장자는 변무와 지지 이야기를 통해서 철기의 국가가 당시 백성들에게 요구하는 의무가 어떠한 근거도 없다는 점을 밝히고 있다. 즉, 도덕은 권력을 지키는 이데올로기이거나 선의 이름으로 사람을 괴롭히는 폭력일 뿐이다. 장자와 동시대에 활약했던 맹자는 장자가 주장했던 '이데올로기로서의 도덕', '선의 폭력성'을 극복하기 위해서 인의가 본성이라는 점을 입증해야 했던 것이다. 그래서 맹자는 '성선性善'의 발견을 통해 도덕의 요구가 외적인 강요가 아니라 본심에서 우러나온다고 밝혔던 것이다.

장자는 철기의 국가가 부국강병의 논리로 백성에게 합의되지 않은 과제를 의무로 부과하는 방식을 다시 새 비유를 들어서 설명하고 있다. 노魯나라의 교외에 새 한 마리가 날아들었다. 노나라 제후는 경사스러운 일이라 생각하며 새에게 소와 돼지 등 맛난 고기를 내놓고 최고의 음악을 들려주었다. 하지만 새는 음식을 거들떠보지 않고 음악을 귀찮아 하다가 죽게 되었다.

장자는 이 이야기를 한 뒤에 자신의 촌평을 덧붙였다.

"노나라 제후는 자신을 돌보는 방식으로 새를 돌보았다. 새를 돌보는 방식으로 새를 돌본다면, 마땅히 깊은 숲속에 살게 하고, 강과 호수에 떠다니게 하여 미꾸라지나 피라미를 잡아먹게 하고, 제 습성대로 무

---

114) 「달생達生」: 此之謂以己養養鳥也. 若夫以鳥養養鳥者, 宜棲之深林, 浮之江湖, 食之以委蛇, 則平陸而已矣.(안동림, 484)

멍청현 장자사에 본 새장의 새

장자는 새가 좋아하는 방식으로 새를 대해야 한다고 말했다. 사람의 방식으로 아무리 잘 해줘도 새는 그걸 좋아할 리가 없다는 것이다. 그렇다면 새장의 새는 노나라 제후처럼 대우하는 것일까, 아닐까? 새를 키우는 양조養鳥는 중국인의 대표적인 취미생활 중의 한 가지이다.

리지어 살게 해야 한다. 그러면 새는 편안히 살았을 것이다."[113]

장자의 말을 받아들인다면, 철기를 가진 국가의 부국강병은 백성을 복지와 평화의 세계가 아니라 위험과 고통의 나락으로 이끌어 가는 것이다. 장자는 온갖 비유와 우화를 통해서 '위험 사회'

의 출현을 경고했던 것이다. 당시에도 장자처럼 위험 사회의 징후를 알아차린 사람이 있었다. 「양왕」에 보면 월나라 왕자 수搜가 바로 그 주인공이다. 그는 시간이 지나면 왕이 될 자격을 가진 인물이다.

당시의 욕망의 차원으로 보면, 왕자 수의 인생은 탄탄대로에 있다고 할 수 있다. 하지만 월나라는 이미 삼대에 걸쳐서 왕을 죽이는 쿠데타가 일어났었다. 따라서 왕의 자리는 자신의 욕망을 극대화시킬 수 있을지 모르지만 최고의 위험을 감수해야 하는 자리이기도 했다. 이러한 상황에서 왕자 수는 전혀 뜻밖의 행동을 취했다. 그는 어느 날 아무 말도 하지 않고 궁성을 빠져나와 굴속에 숨어 살았다. 월나라는 갑자기 "왕이 없는 나라"가 되었다. 사람들이 어렵게 수소문해서 왕자 수가 숨은 굴을 찾아 왔지만 그는 굴 밖으로 나오려고 하지 않았다. 사람들이 굴속으로 연기를 피우자 어쩔 수 없이 굴을 나와서 울면서 수레에 올랐다.

"임금이 뭔데, 임금이 뭔데, 어째서 나를 내버려 두지 않는가?"[115]

어찌 보면 장자는 세상의 변화를 잘 모른 체 겁을 집어먹고서 도망을 치려고 한다고 생각할 수도 있다. 하지만 그렇지 않다. 그

---

115) 「양왕讓王」: 君乎君乎, 獨不可以舍我乎?(안동림, 688)

는 세상이 돌아가는 이치를 누구보다도 잘 알고 있으면서, 철기 국가가 내세우는 '문명'의 한계를 밝히려고 했던 것이다.

자공의 이야기를 통해서 장자의 고민을 읽을 수 있다. 자공이 한수漢水를 지나다가 한 노인이 힘들게 물을 길어다가 밭에 물을 주고 있는 것을 보았다. 자공은 노인이 안타까워서 가던 길을 멈추고 노인에게 일종의 양수기[槹]를 알려 주었다. 노인은 자신도 그런 기계가 있다는 것을 알고 있지만 사용하지 않는다고 말했다. 왜냐하면 사람이 기계를 사용하면 처음에 어느 정도 거리를 유지하다가 나중에 기계의 노예가 되어 버리기 때문이다. 노인은 노예가 되는 마음을 '기심機心'으로 말하면서 오히려 자공을 머쓱하게 만들었다.[116]

장자는 세상의 흐름을 알고 있기에 자신만의 유토피아, 즉 아무것도 없는 '무하유지향'을 찾고자 했다.

"싫증이 나면 또 아득히 멀리 나는 새를 타고 육극六極(위와 아래 그리고 동서남북)의 밖으로 나가서 아무것도 없는 곳[無何有之鄕]이나 끝없이 펼쳐진 드넓은 들판에 머물고자 한다. 너는 무엇 때문에 세상을 다스는 일로 네 마음을 쓰며 괴로워하느냐?"[117]

---

116) 「천지」: 爲圃者忿然作色而笑曰: 吾聞之吾師, 有機械者, 必有機事. 有機事者, 必有機心. 機心存於胸中, 則純白不備, 則神生不定. 神生不定者, 道之所不載也.(안동림, 327)

117) 「응제왕」: 厭則又乘夫莽眇之鳥, 以出六極之外, 而遊無何有之鄕, 以處壙埌之野. 汝又何帠以治天

민취안현 순허順河 장자 조상

장자 조상 주위에 전깃줄이 뒤엉켜 있고, 조상 기단은 각종 스티커가 덕지덕지 붙어 있다.
사람들은 장자 조상을 기막히게 잘 활용하고 있는 것이다. 이것도 기심이리라. 사진을 찍
다 보니 전깃줄이 장자의 목에 걸렸다. 미안합니다.

장자의 글을 보면 우리는 묘사하는 세계의 규모에 깜짝 놀란다. 장자가 아는 것도 많고 심지가 굳으며 어디에도 흔들리지 않을 것이라 짐작한다. 사실 장자만큼 시대의 변화를 뼈저리게 느끼고 그 느낌으로 인해 가슴 아파한 사람도 드물다. 솔직하니까 예민하고 예민하니까 새로운 길을 찾으려고 했던 것이다. 장자가 말한 '무하유지향'은 꼭 현실에 없지만 않다. 휴양지에 가서 가슴 벅찬 여유를 느끼고 인문학에서 피할 수 없는 아픔을 마주하고 예술에서 말할 수 없는 감동을 맛본다면, 그것이 바로 '무하유지향'인 것이다. 술집에서 큰 소리 치고 터널에서 괴성을 지를 수도 있지만, 그것은 좀 광적이지 않을까!

下感予之心爲?(안동림, 224)

제왕의 존재와 꿈 이야기

군대와 관련된 텔레비전 프로그램을 보면 꼭 가족 이야기가 나온다. 그 중에 '어머니'라는 말이 나오기만 하면 분위기가 숙연해지고 몇몇 장병은 눈물을 글썽거리고 텔레비전을 보는 시청자도 가슴이 뭉클해진다. 일순간 사회자도 잠깐 말문을 잇지 못하여 얼마간 침묵의 시간이 이어진다. 격리된 생활을 하는 병사로서 늘 옆에 있던 어머니를 맘껏 보지 못한다는 사실이 새삼 울림으로 다가오는 것이다. 하지만 모든 사람이 '어머니'에 대해 비슷한 반응을 보이지는 않는다. 누군가 고아로 컸거나 엄모嚴母의 슬하에서 자랐다면, 그 사람은 어머니에 감동하는 사람들의 정서를 이해하지 못할 수 있기 때문이다.

황제의 초상

황제黃帝는 유가와 도가 모두의 존중을 받는 인물이다. 유가는 황제를 문명의 창시자로 간주한다. 화가는 아마 유가의 관점을 반영하는 듯이 멋드러진 관과 화려한 의복을 입은 모습으로 그렸다. 장자는 여러 제왕 중에서 황제를 자주 언급한다. 그가 그린 황제는 초상화에 나오는 황제와 다른 모습이리라.

장자를 이야기하는 판에 왜 갑자기 어머니 이야기를 말하는 것일까? 우리는 장자가 공자를 위시하여 맹자 등의 유가의 도덕을 인위적인 규범이자 이데올로기로 비판하고 있다고 알고 있다. 그런 장자에 관심을 가져서 그의 책을 펼쳐 보면 우리는 약간 당혹스러움을 느낀다. 내용의 어려움은 내버려 두자. 장자는 공자와 맹자를 비판한다고 하면서 온통 심心, 덕德, 성性, 정情뿐 아니라 성인聖

人, 제왕帝王 등의 개념을 그대로 사용하고 있다. "사상이 다르다면 용어부터 달라야 할 텐데……."라고 생각한다면 그 당혹감은 더 커질 수밖에 없다.

장자는 도대체 무슨 생각을 하고 그런 용어를 버젓이 쓰고 있는 것일까? 이 문제는 그렇게 심각하게 생각하지 않아도 좋다. 서두에 끄집어냈던 어머니 이야기의 사정과 비슷하다. 춘추전국시대의 제자백가들은 각자 차이를 주장하지만 공통의 언어를 사용했다. 이 때문에 그들은 같은 말을 사용할 수밖에 없는 것이다. 사정이 그렇다고 하더라도 용어가 같다고 해서 그 말의 의미와 맥락까지 같은 것은 결코 아니다.

같은 용어의 사용은 장자와 같은 특정 사상가의 잘못이 아니라 피할 수 없는 언어의 환경이었던 셈이다. 제자백가는 그러한 환경 속에서 새로운 개념을 만들어 내기도 하고, 동시에 같이 사용하는 용어 중에 특정한 용어를 자신만의 의미로 가다듬어서 사용하기도 했던 것이다. 이를 잘 모르면 같은 말이 『맹자』에도 나오고 『장자』에도 나오니까 둘은 같은 사상을 펼친다고 단정해 버릴 수 있는 것이다.

『장자』에서 일곱 번째 편명인 「응제왕應帝王」이 가장 논란이 될 만하다. 글자만 볼 경우 누가 부르기라도 하면 금방 제왕의 자리로 나아갈 듯한 인상을 준다. 이러한 권력 지향적인 인상은 분명히 장자의 취향이 아니다. 그렇다면 뻔히 오해가 예상되는데도 불구하고 장자는 '응제왕'이란 제목을 단 것일까?

이 대답은 「응제왕」 안에서 찾아볼 수밖에 없다. 안에 보면 '군인君人', '성인聖人', '명왕明王' 등 공자와 맹자가 사용함직한 용어를 그대로 쓰고 있다. 하지만 그 용법을 보면 금방 장자가 말하는 '제왕'의 의미가 무엇인지 알 수가 있다. 의인화된 천근天根이 역시 의인화된 무명인無名人에게 천하를 어떻게 다스리느냐고 묻자, 무명인은 물음 자체를 불쾌하게 여기고 대답하지 않았다.

거듭된 질문에 무명인은 마지못해서 다음처럼 대답했다. "당신은 마음이 담박한 상태로 노닐고, 기를 고요한 상태와 맞추어서 사물(사태)이 저절로 그러함에 따라가며, 사적인 바람을 집어넣지 않는다면 온 세상이 다스려질 것이다."[118] 이렇게 하여 천하를 다스릴 경우 제왕은 크나큰 공덕을 실현하게 된 셈이다. "밝은 왕의 다스림이란 그 공적이 세상을 뒤덮을 정도이지만 자신이 하지 않은 것으로 하고, 그 변화(생장)가 만사만물에게 골고루 미치지만 백성들은 알지도 믿지도 않는다."[119]

여기서 '제왕'은 자신이 정하거나 전통으로 내려오는 가치를 제시하지도 않고, 사물과 일이 저절로 그렇게 바뀌어 가도록 간섭하지 않지만, 좋은 결과가 쌓이게 된다. 사정이 이렇다면 장자가

---

118) 「응제왕」: 汝遊心於淡, 合氣於漠, 順物自然, 而無容私焉, 而天下治矣.(안동림, 224)

119) 「응제왕」: 明王之治, 功蓋天下, 而似不自己. 化貸萬物, 而民弗恃.(안동림, 225)

'천근'과 '무명인'을 의인화한 것과 마찬가지로 '제왕'과 '명왕' 등의 용어는 '자연'의 또 다른 의인화에 불과하다는 것을 알 수 있다. 따라서 제왕은 천지와 함께 우주(세계)의 질서를 창출하는 특정한 존재를 가리키지 않는다. 그것은 단지 인격적 존재가 없는 천지의 변화가 행여 엉망진창으로 진행되는 것처럼 사람들이 오해할까 봐, 마치 제왕이 천지의 운행을 주도하듯이 묘사하고 있는 것이다. 제왕은 아무 하는 일(역할)이 없이 그려지고 있으므로, 결국 텅 빈 존재일 뿐이다. 하지만 사람들이 제왕이라고 지칭하니까 뭔가 있는 것으로 착각하게 된다. 제왕은 가상 존재에 불과한데, 장자의 묘사가 참으로 생생한 나머지 현실 존재의 세계로 넘나들게 된 것이다.

장자는 성인과 제왕처럼 유가의 지배자를 가리키는 용어만이 아니라 새로운 용어도 제시하고 있다. 첫 편 「소요유」를 보면, 세 가지 인간 유형을 말하고 있다.

> "지인(경지에 이른 사람)은 자기가 없고, 신인(신묘한 사람)은 공적이 없고, 성인(거룩한 사람)은 이름이 없다고 한다."[120]

일단 이 세 유형은 맹자의 성인과 확연히 다르다. 맹자의 성인

---

120) 「소요유」: 至人無己, 神人無功, 聖人無名.(안동림, 34)

멍청현 장자사의 법천귀진

장자사는 장자의 사상을, 자연을 본받고 진짜를 귀하게 여긴다는 '법천귀진法天貴眞'의 핵심으로 보고 있다. 사진 속의 '법' 자는 오늘날 '法' 자의 옛 글자이다.

도 물론 고집을 피우지 않고 사리사욕을 채우려고 하지 않는다는 점에서 '무기無己'라고 할 수 있다. 하지만 그의 성인은 진리를 소유하고 사람들로 하여금 그것에 따르도록 하는 세상의 중심이다. 그런 점에는 무기가 아니라 '유기有己'라고 할 수 있다.

여기서 '무'의 의미를 세심하게 살펴봐야 한다. 자칫 무를 아무것도 없다는 부정으로 읽어 내면 장자의 취지와 어긋날 수 있기 때문이다. 무는 소유할 이유도 없고, 특정한 말로 한정지을 수도 없으며, 지상의 인간은 얼마의 땅덩어리를 자기 것으로 확인하기 위해서 등기를 하지만 신은 모든 것을 가지므로 굳이 등기할 필요가 없다는 의미에서의 무다. 그런 점에서 장자는 무의 의미를 절묘하게 살려서 쓰고 있는 것이다.

장자는 지인과 신인 이외에도 '진인眞人'이란 말을 즐겨 사용한다. 아마도 이 말만큼은 조어의 공적을 장자에게 돌려도 문제가 없을 것이다. 장자는 세계를 진짜와 가짜, 즉 '진가眞假'의 프레임으로 바라본 최초의 인물이다. 워터게이트 사건으로 물러나기 전에 닉슨 대통령의 변명과 거짓은 진실과 똑같은 힘을 가졌고, 사람들은 그것을 믿었다. 사실이 밝혀진 뒤에 그의 변명은 누구도 거들떠보지 않게 되었다. 이처럼 장자는 가짜가 진짜로 행세하고 이데올로기가 진실로 둔갑하고 허세가 실력으로 오인되는 상황에서 세상을 진가의 틀로 바라보라고 권했던 것이다.

그가 말하는 진인을 살펴보자.

"옛날의 진인眞人은 삶을 기뻐할 줄 모르고, 죽음을 미워할 줄도 몰랐다. 태어남을 기뻐하지 않고 죽음을 막지 않아서, 홀가분하게 저기로 가고 홀가분하게 여기로 올 뿐이다. 자신이 시작된 곳(때)을 잊지 않고, 자신이 끝나는 곳(때)을 알려고 하지 않는다. 생명을 받으면 그대로 기뻐하고, 잃으면 그대로 돌아간다. 이를 마음(욕망)으로 도를 손

워터게이트 사건으로 사임 연설하는 닉슨

워터게이트 사건은 1972년 6월에 닉슨 대통령이 자신의 재선을 위해 상대인 민주당의 선거 사무실에 도청 장치를 설치하려다 발각된 사건이다. 닉슨은 처음에 거짓말로 변명하다가 결국 모든 사실이 드러나면서 대통령직에서 사임하게 되었다. 언론의 성역 없는 보도가 있었기에 가능했던 일이다.

상시키지 않고, 인위적인 것으로 자연적인 것을 조장하지 않는다고

하는데, 이런 사람을 진인이라고 한다."[121]

장자가 말로 '참다운 사람', 즉 진인이라고 했지만 이것은 실제

---

121) 「대종사」: 古之眞人, 不知說生, 不知惡死. 其出不訢, 其入不距, 儵然而往, 儵然而來而已矣. 不忘其始, 不求其所終. 受而喜之, 忘而復之. 是之謂不以心捐道, 不以人助天, 是之謂眞人.(안동림, 178~179)

로 사람이 아니다. 사람이 어떻게 삶을 기뻐하지 않고 죽음을 싫어하지 않을 수 있겠는가? 하지만 이러한 생각은 삶을 기뻐하고 죽음을 싫어한다는 관점에서 볼 때 당연하게 여겨지는 것이다. 이런 심정을 극대화시키면, 가을에 시든 나무와 발에 밟히는 낙엽에 대해 가슴이 아파할 수가 있다. 이와 달리 '정이 없는' 차가운 사람이 되면 세상사를 담담하게 바라볼 수 있다. 특정한 관계에서 보면 사랑하는 사람의 죽음은 참으로 슬프기 그지없지만, 자연의 입장에서 보면 언제가 죽을 수밖에 없는 생명이 소멸하는 한 사건일 뿐이다. 이렇게 되면 진인은 자연을 닮은 사람이지만, 맹자의 기준으로 보면 사람 같지 않은 사람이다.

장자는 이러한 진인의 모습을 다양한 방식으로 묘사하고 있다. 「대종사」를 보면 장자는 공자와 안연의 이야기를 빌려, 들떠서 바삐 돌아다니지 않고 조용히 앉아서 모든 걸 잊는다는 '좌망坐忘'을 말하고 있다. 맹자에 따르면 사람은 나아가야 할 가치를 정한 뒤에, 그것에 맞으면 함께하고 그것에 맞지 않으면 멀리하게 된다. 아울러 사람은 스스로 자신을 가치와 일치시키도록 분주하게 돌아다니며 힘들게 노력하게 된다. 이러한 노력이 지나치게 되면 심리적으로 노이로제와 우울증에 걸리기도 하고, 극단적으로 정신 분열증에 빠지게 된다. 이를 치유하기 위해서 장자는 '좌망'을 제시하는 것이다.

취푸의 안자가 살았던 루항陋港 골목과 안자를 기리는 복성묘復聖廟

취푸曲阜는 공자의 고향이기는 하지만, 공자만 산 곳은 아니다. 수많은 사람들이 살았다. 그의 제자 안연의 흔적도 많이 남아 있다. 가난한 인문학도로 살았던 거리도 있고, 훗날 성인의 반열에 오른 그가 모셔진 사당도 있다.

"팔다리와 몸을 늘어뜨려 눈과 귀의 작용을 물리치고, 육체를 잊고 지식을 내버려 대통大通, 즉 완전한 소통의 세계와 같아지는 것을 좌망이라고 합니다."[122)

기억과 노력을 중시하는 사람은 좌망이 환상으로 보일지 모른다. 장자는 「천지」에서 '상망象罔'을 통해서 좌망이 환상이 아니라는 것을 말하고 있다. 황제黃帝가 여행하다가 현주玄珠를 잃어버렸다. 그는 그것을 찾기 위해 척척박사인 지知, 눈이 아주 밝은 이주離朱, 말솜씨가 뛰어난 끽후喫詬를 보냈지만 모두 실패했다. 형상이 없는 상망이 현주를 찾았다. 지 등은 모두 자신의 관점에서 현주를 찾으려고 했지만, 상망은 그 모든 것을 내려놓았기 때문에 못 찾을까 초조하지도 않고, 다른 사람이 먼저 찾을까 애달아하지 않고, 어떻게 찾아야만 한다는 고집이 없었다. 이렇게 보면 상망이 현주를 찾은 것이 아니라 현주가 상망을 찾은 것이라고 할 수 있다. 서푼의 지식으로 모든 것을 아는 양 떠든다면 세상에 숨겨진 '현주'를 찾지 못할 것이다.

---

122) 「대종사」: 墮枝體, 黜聰明, 離形去知, 同於大通, 此謂坐忘.(안동림, 215~216)

장자는 공맹의 제자이면서 상대주의자인가?

장자의 이야기는 참으로 풍부해서 짧은 지면으로 다 할 수는 없다. 하지만 장자의 이야기를 아무리 짧게 하더라도 빠뜨릴 수 없는 것들이 있다. 이번에는 다 못한 이야기 중에 꼭 빼놓을 수 없는 두 가지를 하고자 한다. 첫째, 맹자는 깊은 이야기를 할 때에는 만장萬章이란 자신의 제자를 대화 상대로 삼았는데, 장자는 왜 전혀 뜻밖의 인물을 대화 상대로 삼았을까? 뜻밖의 인물은 다름 아니라 공자와 그의 제자 자공, 공자와 그의 제자 안연이다. 장자는 책 속에서 공자를 수차례 등장시키면서 그의 입을 빌려 자신의 말을 전하거나 그를 뻘쭘하게 만들기도 한다.

둘째, 일반적으로 공자와 맹자가 도덕의 가치를 그 어떠한 것보

萬章

好萬名章是國人先宗政和三年追封為博與伯從祀五廟陵該如應令貴陽敦隆十二年致稱先賢孟子弟博萬學功問五尺問孟子书書庚愛之焉摹揚中

맹자의 제자 만장의 초상과 맹자성적도 중 「퇴작칠편退作七篇」

만장은 맹자의 제자로 평생 스승을 따라다녔다. 맹자가 정치 여정을 끝내고 고향으로 돌아온 뒤에 함께 책을 정리하는 작업을 했다. 그 덕분에 만장은 현존하는 『맹자』 일곱 편 중 다섯 번째 편의 이름으로 남아 있다.

像 遷 馬 司

사마천의 초상

짧아서 아쉽지만, 사마천은 장자의 전기를 남 겼다. 그것은 장자 개인을 들여다보는 작은 창이다. 그는 이 사실을 수집하기 위해서 얼 마나 고생했을까? 작은 양에 씩씩거릴 일이 아니다.

다 가장 우선시한다는 점에서 절대주의자로 받아들여지고, 노자와 장자가 그들을 비판한다는 점에서 상대주의자로 받아들여진다. 장 자는 맹자가 말하는 가치가 어떠한 절대적 특성을 가지지 않는다는 점을 비판하고 있다. 예컨대 악惡이 있기에 선善이 의미를 가질 수 있고, 소인小人이 있기에 군자君子가 돋보일 수 있다는 것이다.

이 두 가지 문제를 어떻게 이해하느냐에 따라 장자의 사상을 아주 다르게 바라볼 수 있다. 먼저 장자와 공자의 관계를 살펴보도 록 하자. 사마천은 『사기』에 제자백가의 '열전'을 남겨서 후대 사람 들이 사상가의 전기를 알 수 있도록 했다. 그는 장자의 독립된 열 전을 짓지 않았다. 그는 「노자한비열전」에서 노자 뒤에 장자의 전 기를 간략하게 다루고 있다.

사마천은 장자가 맹자를 만났던 양나라 혜왕惠王, 제나라 선왕宣王과 비슷한 시대에 활동했고, "그의 학문은 다루지 않는 이야기가 없고, 요지는 노자가 주장하는 것"으로 보았다.[123] 그는 『장자』 중의 「어부漁父」, 「도척盜跖」, 「거협胠篋」의 내용이 공자를 조롱하고 헐뜯고 있다고 보았다. 이러한 주장에 따르면 장자는 자기보다 앞서 활약했던 사상가를 자신의 책에 등장시켜서 맘껏 가지고 논다고 할 수 있다.

시대가 좀 흘러서 북송의 소동파는 안후이성 멍청蒙城현에 짓는 장자사당을 기념하는 글, 즉 「장자사당기莊子祠堂記」를 쓰게 되었다. 지난 2월 말에 내가 찾은 장자사당에는 소동파의 글 전문이 사당의 한쪽 벽면에 쓰여 있었고, 또 과거 소동파의 글이 쓰인 바위의 일부가 보관되어 있었다. 이 글에서 소동파는 사마천이 말했던 「어부」, 「도척」, 「거협」 이외에 「양왕讓王」 네 편이 장자의 사상과 합치되는지 의심했다고 고민했다.

오랜 사색과 검토 끝에 그는 문제의 네 편은 장자의 사상과 모순되고, 네 편이 빠지면 그 앞뒤의 「우언寓言」과 「열어구列禦寇」가 문맥상 한 호흡으로 이어진다고 주장했다. 이렇게 『장자』에서 네 편을 빼버리면 장자가 굳이 공자를 헐뜯었다고 할 필요가 없다. 즉, 장자는 자기보다 앞서 활약했던 위대한 사상가를 끌어들여서

---

123) 其學無所不闚, 然其要本歸於老子之言.

멍청현 장자사에 보관된 소동파의
「장자사당기」의 일부

소동파의 「장자사당기」로 인해서 멍청
현이 장자의 고향으로 알려지고 있다.
소동파가 말한 것이 꼭 사실이라는 법
은 없다. 하지만 이러한 의의를 가지고
있기 때문에 멍청현의 장자사는 발견
된 「장자사당기」를 유리벽 속에 넣고
그나마 관리를 하려고 하고 있다.

자기 사상을 돋보이게 만들려고 한 꼴이다.

나는 두 입장 모두에 찬성하지 않는다. 첫째, 문제의 네 편을 빼고 『장자』를 읽더라도 장자의 사상이 공자를 옹호하거나 지지한다고 보기가 어렵다. 장자는 공자가 믿고 따르며 진지하게 학습하는 경전의 가치를 인정하지 않을 뿐만 아니라 군자와 소인의 인격적 차별을 부정하기 때문이다. 이런 점에서 소동파의 주장은 상대(적)를 포섭하려는 관용을 보이지만 사실을 말한다고 볼 수 없다.

둘째, 장자는 사마천과 소동파 모두 인정하듯이 우언을 즐겨 사용한다. 그렇다면 『장자』에 나오는 공자와 그의 제자인 자공과 안연도 모두 역사적 인물이 아니라 우언의 대상으로 등장한다. 다만 공자를 비롯해서 자공과 안연은 이미 당시 제자백가들에게 익숙한 인물이다. 즉, 그는 사람들에게 친숙한 인물을 상징 자본으로 활용해서 자기 글의 흥미와 신뢰를 높이고자 했던 것이다. 우리가 광고를 보고 상품을 구입하는 것처럼 친숙한 인물을 보면 "일단 읽어보자!"라는 생각을 가지게 되기 때문이다.

장자는 당시 노나라 현자로 알려진 류하혜柳下惠의 동생을, 세상을 떠들썩하게 만든 범죄적 인물로 창조했다. 그가 바로 『장자』의 편명이기도 한 도척盜跖이다. 우리의 순진한 공자는 안연과 자공을 대동해서 도척을 찾아가서 그들 교화시키고자 했다. 그 내용이 바로 「도척」의 글이다. 하지만 결국 공자는 도척의 교화에 실패했고, 그의 뛰어난 언변에 놀라서 허겁지겁 도망치게 되었다.

류하혜의 초상

공자는 류하혜와 잘 지냈던 덕택에, 그의 동생 도척을 만나 좋은 길로 이끌려고 했다. 「도척」은 공자와 도척 사이의 불꽃 튀는 설전을 잘 보여주고 있다. 물론 처음에는 두 사람이 그나마 팽팽하게 맞서다가 후반에 이르러 공자는 "걸음아 날 살려라!"는 식으로 줄행랑을 놓는다. 여기서 도척이 당당하게 자기 이야기를 하는 것이 중요하다. 이 시대는 주류 이야기만이 아니라 대항 이야기도 나름의 틀을 갖추고 있다는 것을 반증한다.

다른 편에서 도척은 또 다르게 소개되어 있다. "방 안에 숨겨진 것을 거짓말처럼 잘 맞추는 깃이 성聖이고, 먼저 훔치러 들어가는 것이 용勇이고, 훔쳐서 맨 뒤에 나오는 것이 의義이고, 일이 될지 안 될지 아는 것이 지知이고, 고루 나누는 것이 인仁이다. 다섯 가지가 갖추어지지 않고 큰 도둑이 된 자는 세상에는 아직 없었다."[124] 도척은 공자가 중시하는 오덕을 기막히게 패러디해서 공자 사상의 허구성을 밝히고 있다. 즉, 공자의 도덕이 세상에 빛을 던져주는 희망이 아니라 도둑의 처지를 치장해 주는 논리에 불과하다는 것이다.

---

124) 「거협」: 夫妄意室中之藏, 聖也. 入先, 勇也. 出後, 義也. 知可否, 知也. 分均, 仁也. 五者不備而能成大盜者, 天下未之有也.(안동림, 270)

이렇게 보면 장자는 이미 기성의 이미지와 상징성을 가진 공자를, 자기 글의 흥미를 유발시키고 의미의 전달을 촉진하는 소재로 자유자재로 활용한 것이다. 이것은 사상과 예술에서 대통령과 수상 등의 정치 지도자를 소재로 활용하여 재미와 의미를 함께 살리는 오늘날의 작품과도 비슷하다. 따라서 『장자』에 공자가 나온다고 긴장을 하거나 확대 해석을 할 이유가 없다. 그냥 가벼운 마음으로 공자를 어떻게 요리하는지 이야기를 따라가면 그것으로 충분하다.

다음으로 장자가 상대주의인가를 살펴보도록 하자. 이를 생사 이야기로 풀어 보자. 생명체는 태어나면 죽음을 피할 수 없다. 사람은 삶을 좋아하고 죽음을 싫어하므로[好生惡死], 사보다 생의 가치를 높이 친다고 할 수 있다. 장자가 상대주의를 펼친다면 앞의 이야기처럼 생과 사 중 어느 하나에 더 높은 가치를 부여할 수 없다. 「지북유知北遊」에서 장자가 생과 사를 논하는 부분을 살펴보자.

"삶은 죽음의 무리이고 죽음은 삶의 시작이다. 누가 죽음과 삶의 기틀을 알까! 사람의 생명 현상은 기의 응취 결과이다. 기가 모이면 사람이 살고, 기가 흩어지면 사람이 죽는다. 이처럼 죽음과 삶은 함께 어울려 다니니 내가 어찌 괴로워하겠는가! 그러므로 만물은 하나이다. 사람들은 아름다운 바가 있으면 신기하다고 하고, 추악한 바가 있으면 부패하다고 한다. 사실 부패한 것이 다시 신기한 것으로 변하고,

신기한 것이 다시 부패한 것으로 변한다. 그래서 천하(세계)를 소통하는 것은 하나의 기이다."[125]

생과 사는 기氣가 변해가는 국면을 잘라서 명명하는 부분이다. 우리는 한 편으로 쭈욱 이어지는 영상물을 적정한 시간 단위로 나누어서, 앞 부분·중간 부분·뒷 부분으로 구분한다. 단위를 어떻게 나누느냐에 따라서 부분은 얼마든지 다른 이름으로 불릴 수 있다. 이를 생사에 적용하면 생과 사도 전체의 변화 과정을 어떻게 분류하느냐에 따른 임시적인 이름일 뿐이다. 즉, 생과 사가 결코 다른 것이 될 수 없는 어떤 것이 아니다. 이렇게 보면 장자는 세계의 상대적인 가치를 주장하는 것이 아니라, 세계가 끊임없는 변화의 과정에 놓여 있다는 것을 말하고 있을 뿐이다. 그 변화의 과정이 바로 도道인 것이다.

그런데 '도'라고 하면 사람들은 물리적인 길을 연상하거나 특별한 가치를 가진 어떤 것으로 생각하게 된다. 장자는 「지북유」에서 이러한 생각을 하는 동곽자東郭子의 사고를 교정하기 위해서 인내심 있게 대화를 계속하고 있다.

---

125) 「지북유」: 生也死之徒, 死也生之始, 孰知其紀! 人之生, 氣之聚也. 聚則爲生, 散則爲死. 若死生爲徒, 吾又何患! 故萬物一也. 是其所美者爲神奇, 其所惡者爲臭腐. 臭腐復化爲神奇, 神奇復化爲臭腐. 故曰: 通天下一氣耳.

민취안 장자고거의 신당 속 장자성상莊子聖像

장자는 어디에 있을까? 장자가 이 안에 있었으면 좋겠다. 찾아오는 지친 영혼들을 달래주고, 다시 일어설 수 있는 힘을 주며, 다시 싸울 수 있는 용기를 주면 더 좋겠다. 신이 되었지만 근엄한 좌상이 아니라 다소곳이 손을 모은 장자의 모습이 인상적이다.

동곽자 : "도가 어디에 있는가요?"

장자 : "없는 곳이 없습니다."

동곽자 : "특칭해서 말해 주시오?"

장자 : "땅강아지[螻]나 개미[蟻]에 있습니다."

동곽자 : "어찌 그렇게 열등한 것에 도가 있습니까?"

장자 : "돌피[稊]나 피[稗]에 있습니다."[126)

동곽자가 계속 묻자 장자는 도가 기와[瓦]와 벽돌[甓]에 있고, 똥[屎]이나 오줌[溺]에 있다고 대답했다. 대답에 여기에 미치자 동곽자는 하도 어이가 없어서 말문을 닫고 말았다. 이어서 장자는 자신의 대답을 건성이라고 여길까 봐서 보충 설명을 했다. "당신은 도가 반드시 어떤 것 또는 무엇이라고 한정해서도 안 되고, 구체적인 사물을 뛰어넘은 것으로 보아서도 안 됩니다."[127)

장자의 대답은 훗날 선불교에서도 차용될 정도로 아주 유명하다. 아마 이런 이야기를 들으면 동곽자만이 아니라 보통 사람들도 깜짝 놀랄 수 있다. 이는 장자의 도를 맹자가 말하는 인의仁義와 같은 가치를 가진 존재로 생각하기 때문이다. 장자는 특정 가치가 아

---

126) 「지북유」: 東郭子問於莊子曰: 所謂道惡乎在? 莊子曰: 無所不在. 東郭子曰: 期而後可. 莊子曰: 在螻蟻. 曰: 何其下邪? 曰: 在稊稗. 曰: 何其愈下邪? 曰: 在瓦甓. 曰: 何其愈甚邪? 曰: 在屎溺. 東郭子不應.(안동림, 546~547)

127) 「지북유」: 汝唯莫必, 無乎逃物.(안동림, 547)

니라 변화야말로 진실하다고 생각한다. 이 변화은 어떠한 방향성조차 가지지 않으므로 존재를 특정한 곳으로 끌고 가지 않는다. 여행에 비유한다면, 도는 여행사와 계약해서 정해진 행선지로 움직이는 것이 아니라 그때그때 가고 싶은 대로 움직이는 자유 여행과 닮았다. 그래서 장자는 첫 편에서 어떤 목적을 가지고 빠릿빠릿하게 움직이는 학學을 말하지 않고, 정해진 바 없이 어슬렁어슬렁하며 돌아다니는 유遊를 말했던 것이다.

얼마 전에 찾은 민취안民權현의 장자 유적지는 취푸시의 공자 유적지나 저우청鄒城시의 맹자 유적지와 사뭇 달랐다. 봉건시대의 학인과 지도자들은 공자와 맹자가 말한 가치를 존중하고 그것을 실천하고자 했던 만큼 그들의 유적을 반듯하게 관리해 왔다. 그러나 장자의 경우 반듯한 건물도 비싼 입장료도 찾는 사람도 없었다. 장자와 관련 사실을 알리는 표지석이 있어도 유물은 하나같이 먼지로 뒤덮여 있었다. 이게 더 장자다운지도 모르겠다. 그 모든 것이 변하는 것이기에.

이 책의 글이 나오게 된 내력은 '포개어 읽는 동양 고전 01' 『공자와 손자, 역사를 만들고 시대에 답하다』에서 밝힌 내용과 같습니다. 같은 소리를 되풀이할 필요가 없으므로 그 이야기는 생략하도록 하겠습니다. 제2권에는 제1권에 없던 이야기가 있습니다. 이를 간단히 소개하고자 합니다.

공자와 관련해서는 성적도가 있으므로 시각 자료가 풍부한 편입니다. 제자백가의 다른 사상가들은 성적도가 없기 때문에 시각 자료가 부족합니다. 맹자도 성적도가 있습니다만 그 분량이 공자에 비해 현격하게 적습니다. 제1권과 같은 구성을 하려고 하니 걱정이 되지 않을 수가 없었습니다. 이럴 때는 답이 하나밖에 없습니다. "가자, 현장으로!"

일찍부터 성균관대학교 동양 철학과 대학원생이나 (사)선비정신과풍류문화연구소 회원들과 베이징, 상하이, 시안, 쓰촨, 뤄양, 다퉁, 칭다오, 지난, 타이안, 취푸, 창사, 쑤저우 등 숱한 도시를 찾아다녔고, 공자, 노자, 두보, 백거이, 범중엄, 주자, 육구연, 캉유웨이, 량치차오 등의 인물을 만난 적이 있습니다. 아직도 갈 곳이 남았지만 윈난성 부근을 제외하면 갈 곳은 두루 가보았습니다. 이런 경험을 바탕으로 삼아서 답사를 떠나기도 했습니다. 물론 떠나기 전에 갈 곳의 역사와 볼 곳의 사진 등을 책과 인터넷으로 단단히 준비했습니다. 자료를 준비해서 현장에서 맞춰 보고 빠진 것을 확인하고 없던 것을 추가하는 방식으로 답사가 진행되었습니다.

2014년 2월 22일에서 26일까지 4박 5일의 여정으로 길을 나섰습니다. 2006~2007년에 이미 안식년(연구년)으로 베이징에 살던 네 명의 가족이 중국을 구석구석 돌아다닌 적이 있습니다. 이번 답사에는 그때의 감흥을 다시 느껴 보려는 동기도 들어 있었습니다.

일행은 세 사람이었습니다. 한 명은 지금 고등학교 이학년생으로 역사에 관심이 많은 아들 성빈입니다. 이제는 나보다 키가 크고 듬직해져서 이번 답사에서도 짐꾼과 보디가드 역할을 톡톡히 했습니다. 올 겨울에 친구랑 울릉도를 가려다 겨울 풍랑 때문에 경주를 함께 답사했던 터라 쉽게 따라나섰습니다. 또 한 사람은 반자입니다. 여행을 전체적으로 이끄는 리더입니다. 딸 소언이도 동행하려고 했지만 개인 사정으로 한국의 베이스캠프에 남아서 정보 지원을 해주기로 했습니다. 다만 이 기간 중에 우마이雾霾(스모그)가 심해서 걱정을 하면서 여정에 나섰습니다.

22일(토)에 인천에서 비행기를 타고 지난濟南으로 갔다가 고속버스로 취푸曲阜시로 갔습니다. 23일(일)에 택시를 대절해서 저우청鄒城시로 갔습니다. 친절한 기사분이 가이드 역을 자처하시는 덕분에 시간을 절약했습니다. 다시 취푸로 와서 이전에 가보지 못했던 곳을 다시 찾았습니다. 특히 이번에는 현대 화가가 그린 『안자성적도顏子聖跡圖』를 구하는 행운을 누렸습니다.

다음에 노자와 장자의 고향을 가기 위해 저녁에 가오티에高鐵를 타고 교통이 편한 장쑤성 쉬저우徐州시로 이동했습니다. 속도가 300km가 넘으면 기차가 흔들리고 귀가 멍멍해집니다. 24일(월) 새벽에 쉬저우에서 터콰이特快 롼워軟臥를 타고 안후이성 궈양渦陽현으로 이동했습니다. 아침에 궈양역에 내리니 역사 주변이 너무 한산해서 다소 당황했습니다. 택시를 대절해서 장자의 고향 멍청蒙城현으로 갔습니다. 멍청현에서 장자사莊子祠를 둘러보고 다시 궈양으로 돌아왔습니다. 귀양에서 톈징궁天靜宮에 들렀습니다. 원래 타이칭궁太淸宮과 윤희묘尹喜墓까지 둘러볼 계획이었지만, 시간 관계상 택시를 대절해서 보저우亳州로 이동했습니다. 귀양에서 멍청현까지 동행하기로 했던 기사와 보저우까지 동행했습니다.

사실 보저우에서 고민을 했습니다. 허난성 루이鹿邑현으로 가서 노자 관련 유적지를 둘러보느냐 아니면 민취안현으로 가서 장자 유적을 보느냐 아니면 시간을 쪼개서 둘 다를 보느냐⋯⋯. 여러 가지를 고려하다가 이번 답사의 초점을 맹자와 장자에 두므로 루이현을 다음으로 미루고 민취안현으로 가기로 결정했습니다.

보저우에 도착해서 조조 무덤과 조조 기념관을 둘러보고 푸콰이普快의 입석으로 허난성 상치우商丘시로 이동했습니다. 기차 객실과 연결칸까지 사람과 짐으로 가득 매운 기차를 타며 인내력을 시험했습니다. 다행히 36분 정도 이동하는 거리여서 참을만 했습니다. 취푸와 쉬저우에서는 택시 기사가 승차 거부를 하거나 터무니없이 많은 돈을 요구했습니다. 상치우는 사정이 달랐습니다. 가자는 호텔까지 군말없이 갑니다. 역시 불친절한 사람이 있으면 친절한 사람도 있는 법입니다. 상치우에 도착해서 여러 곳을 이동하느라 그간 잘 먹지 못한 영양을 보충하려고 한국 식당을 알아봤는데 없다고 합니다. 예전에 다퉁에서 먹었던 훠궈火鍋 생각이 났습니다. 훠궈 잘 하는 집을 물으니 호텔 근처에 있다고 합니다. 나는 그날 실로 오랜만에 원 없이 음식을 먹었습니다.

25일(화) 아침에 호텔 뒤쪽 아침 시장에 가서 라빠죽腊八粥, 더우죽豆粥, 삶은 계란으로 식사를 했습니다. 1000원 정도로 세 사람의 식사를 해결했습니다. 중국 여행을 할 때 음식이 입에 맞지 않으면 아침은 라빠죽과 삶은 계란을 먹고, 간식은 빵으로 해결하면 좋습니다. 또 과일은 요리한 게 아니므로 간식과 식사 대용으로도 좋습니다. 점심과 저녁은 훠궈로 골라 먹으면 큰 부담이 없습니다.

택시를 대절해서 민취안현으로 갔습니다. 먼저 탕좡촌唐莊村 장자능원莊子陵園에 들러 장주묘를 보고서 순허향順河鄉 칭롄촌靑蓮村 장자고리莊子故里로 가서 장자정莊子井과 장자고거莊子故居를 둘러보았습니다. 완전히 시골이라서 먼지를 뒤집어쓰고 쉴 곳이 없는 고난의 여정이었습니다. 다시 상치우로 돌아와서 이름도 그럴 듯하고 중국 4대 서원으로 꼽힌다지만, 아무 볼 것이 없는 잉톈서원應天書院을 들렀다가 바로 옆에 있는 상치우 고성古城으로 갔습니다.(잉톈서원은 북송의 범중엄과 관련이 많습니다.)

중국의 다른 유적지와 달리 상치우 고성은 입장료가 없고, 고성 안의 유적지를 들어가면 입장료를 내야 했습니다.(근래 입장료가 올라서 답사 비용에도 영향을 줄 정도입니다.) 고성을 거닐다가 비가 와서 호텔로 돌아왔습니다. 좀 쉬다가 삼륜차를 타고 신화서점新華書店으로 가서 책을 구경했습니다. 아들은 코난 중국어 본을 발견했습니다. 이전에 샀던 코난 중 결본을 찾고 집에 없던 이후의 책을 샀습니다.

26일(수) 새벽 3시 30분에 호텔을 나서서 상치우 남기차역에서 터콰이 잉워硬臥를 6시간 남짓 타고 다시 지난으로 왔습니다. 나는 일행과 떨어져서 다른 칸을 탔습니다. 새벽에 나선 터라 잠을 자는 둥 마는 둥 하다가 중간쯤에 잠이 들었다가 타이안泰安을 지날 무렵 잠에서 깼습니다. 시간이 좀 남았지만 체력을 고려해서 더 욕심 내지 않고 공항으로 이동해서 귀국을 준비했습니다. 그렇게 답사를 마치고 집으로 돌아왔습니다.

이상이 4박 5일에 걸친 맹자와 장자 고향 답사의 간략한 스케치입니다. 자세한 이야기(계획, 숙박, 차량, 비용 등)는 다음의 과제로 기획하고 있는 인문 기행에서 자세하게 다룰 예정입니다. 이러한 여정만으로도 관심 있는 분들에게 도움이 되리라 봅니다.

답사를 마치며 여러 가지 생각이 들었습니다. 중국하면 경제적으로는 무시하지 못하지만, 우리의 미래라고는 생각하지 않습니다. '싸구려' 상품에 대한 안 좋은 기억도 가지고 있습니다. 아울러 음식 때문에 중국행을 꺼리기도 합니다. 하지만 앞으로 단체 관광

이 아니라 개인 또는 소규모 답사로 중국 여행이 바뀌리라 봅니다. 이를 위해서 그간의 경험을 잘 정리해서 느끼며 생각하고, 생각하며 되새기는 답사가 되도록 준비를 해야 합니다. 나는 이를 '인문기행'이라 부릅니다.

인문학은 사실 책으로 하는 것이 아닙니다. 사람마다 먼저 감응이 터지고 울림이 생기는 근원이 다릅니다. 책은 그 근원들 중의 하나이지 전부가 결코 아닙니다. 답사도 감응과 울림을 향한 좋은 근원이라고 할 수 있습니다. 이를 위해서 준비가 많이 필요합니다.

화려함과 더러움을 기준으로 기행의 성공과 실패를 나누지 않아야 합니다. 이렇게 되려면 묻고 답하고 찾아보고 알아 가려는 열정이 필요합니다. 낯설고 색다른 것을 피하거나 두려워하지 않고 도전하는 용기가 필요합니다.

나는 여행을 통해서 "내가 이 세상에 손님이다."라는 사실을 뼈저리게 느낍니다. 사는 곳에 익숙하다 보면 슬슬 주인 행세를 하려고 합니다. 건방지게 됩니다. 낯선 곳에 가면 약간의 건강한 긴장과 다소곳한 겸손을 보이게 됩니다. 일단 잘 모르니 큰소리 칠 수가 없지요.

대통령도 당선 뒤에 청와대에 들어가면 뭐가 뭔지 모를 것입니다. 일전에 김영삼 전 대통령이 청와대에 들어가서 차 한 잔을 먹고 싶은데 어떻게 해야 되는 줄 몰랐다는 이야기를 들은 적이 있습니다. 그러다가 익숙해지면 긴장은 줄어들고 겸손은 사라지게 되겠죠. 주위 사람들이 다들 "예예"하면서 모시니 저절로 고개가 빳빳해지지 않겠습니까?

우리도 늘 다람쥐 쳇바퀴를 돌다 보면 주인을 넘어서 독재자가 됩니다. 모른 것이 없으니까요. 사랑하던 사람에게도 험한 소리를 하고 여린 영혼을 가진 아이에게도 윽박지르기가 일쑤입니다. 이럴 징후가 보이면 여행을 떠나서 자신을 손님 자리에 놓아야 합니다. 그래서 먹고 마시고 사는 일정이 아니라면 여행은 기본적으로 일종의 인문학 행위일 수밖에 없다고 봅니다.

옛날에 스님은 탁발행을 했습니다. 험하게 말하면 걸어 다니며 빌어먹는 것입니다. 익숙한 공간에서 습관적으로 움직이면 생각도 그렇게 됩니다. 탁발행에 나서면 생각이 곤추서고 심신이 예민해지지 않을 수가 없습니다. 모든 세포가 살아서 움직이고 아우성칩니다. 이렇게 모든 세포가 활성화되는데 생각인들 죽은 듯이 가만히 있겠습니까? 저는 평소에도 많이 걷습니다만, 답사를 하면서 스스로 낮아질 수밖에 없다고 봅니다.

저는 이번 인문 기행으로 지상地上의 맹자와 장자가 지상紙上의 맹자와 장자가 만날 수 있는 다리를 놓고자 했습니다. 종이에서 맹자는 사람의 마음에 공통으로 흐르는 물결을 찾아서 그 물이 다른 곳으로 가지 않고 제 길을 가도록 이끌려고 했습니다. 마음의 치수 治水라고 할 수 있습니다. 마음의 치수가 제대로 되지 않으면 홍수와 가뭄이 날 것입니다. 맹자는 정체를 알 수 없는 욕망으로 뒤죽박죽된 마음을 도서관의 장서처럼 제대로 분류하고자 했습니다. 장자는 사람의 마음이 수시로 바뀌는 것을 생명력으로 보고 그걸 막지도 이끌지도 말자고 제안합니다. 마음의 방수 放水라고 할 수 있습니다. 마음의 방수가 되지 않으면 나중에 뭔가를 하려고 해도 할 수 없게 됩니다. 장자는 도덕 의식으로 과잉된 정신을 해체하고자 했던 것입니다.

땅 위를 보니 맹자의 저우청시는 유적지의 번듯한 이름처럼 주위의 다른 경관과 구분이 되어 있습니다. 단절이 되어서 보호 관리되고 있습니다. 맹자의 마음다운 현상입니다. 장자의 멍청현과 민치안현은 기념물로 갖추어져 있습니다만, 관리를 하는 둥 마는 둥 주위의 경관과 딱 부러지게 구분이 되지 않습니다. 아울러 맹자의 유물은 비싼 입장료가 있습니다만, 장자의 유물은 탕챵춘의 낮은 입장료 이외에 돈을 받지 않았습니다. 이렇게 보면 맹자는 위로 뻗어 올라가는 수직과 가운데로 모이는 집중을 상징한다면, 장자는 다른 것과 차이를 내지 않는 수평과 여러 곳으로 흩어지는 분산을 상징하고 있는 듯합니다.

원고가 세상의 빛을 볼 수 있도록 지면을 할애하신 전호림 국장님과 매주 원고를 받아서 교정을 본 노승욱 기자님에게 감사드립니다. 선한 기운을 널리 퍼뜨리기 위해 노력하고 원고를 읽고 어느 부분이 좋다며 피드백을 해주는 '수요포럼 인문의 숲'의 배양숙 담임샘과 학생 여러분에게 감사드립니다. 바이칼 여정에서 같은 방을 썼고 이후에 인문 기행의 기획에 동의하고 함께 상상력을 펼치는 정철기 피디에게 고마움을 전합니다. 원고에 들어갈 자료를 스캔해 준 설준영 님도 고맙습니다. 한 번 인연을 맺으니 가연이 이어지고 있습니다. 기다려 주시는 박광민 부장님, 지원을 아끼지 않는 이경훈 실장님, 까다로운 저자를 부드러운 미소로 대하는 현상철 팀장님에게 감사드립니다.

마지막으로 지상紙上의 오류를 잡아주고 지상地上의 여정을 함께 한 반자와 아들 성빈 그리고 집에서 지원해 준 딸 소언에게 사랑의 하트를 보냅니다. 늘 공부 그만하라고 하시는 어머니와 여러 소리에도 앞을 보며 나아가도록 격려해 주는 무명에게 감사드립니다.

여름을 맞이하며
여여 신정근 씁니다

한국고전종합DB(http://db.itkc.or.kr/itkcdb/mainIndexIframe.jsp)

王圻·王思義 編,『三才圖會』(全3冊), 上海古籍出版社, 1988; 2005 4쇄.

郭磬·廖東 編,『中國歷代人物像傳』(全4冊), 齊魯書社出版, 2002.

華人德 主編,『中國歷代人物圖像集』上, 籍出版社, 2004.

程福華 主編,『孔孟聖迹圖』, 亞洲出版社, 2005.

程福華 主編,『孟廟 孟府 孟林』, 亞洲出版社, 2005.

邵澤水 編,『孟子和他的弟子』, 亞洲出版社, 2010.

邵澤水 編,『孟廟 孟府 孟林 孟母林』, 亞洲出版社, 2010.

孔德平·彭慶濤 主編,『游讀曲阜』, 泰山出版社, 2012.

陳建明 主編,『馬王堆漢墓陳列』, 湖南省博物館.

「湖南省地圖」, 星球地圖出版社, 2001.

박경환,『맹자』, 홍익출판사, 1999.

사마천, 정범진 외 옮김,『사기』, 까치, 1995.

상앙, 김영식 옮김,『상군서』, 홍익출판사, 2000.

성백효 역주,『소학집주』, 전통문화연구회, 1993; 12쇄 2004.

신정근,『동중서: 중화주의의 개막』, 태학사, 2004.

신정근, 『공자씨의 유쾌한 논어』, 사계절, 2009; 2011 4쇄.

신정근, 『중용―극단의 시대를 넘어 균형의 시대로』, 사계절, 2010.

신정근, 『철학사의 전환』, 글항아리, 2012.

신정근, 『신정근교수의 동양고전이 뭐길래?』, 동아시아, 2012.

안동림 역주, 『장자』, 현암사, 1993; 개정판 4쇄 2001.

안병주·전호근 역주, 『장자』, 전통문화연구회, 2001; 2쇄 2002.

여불위, 김근 역주, 『여씨춘추』, 민음사, 1993; 3쇄 1995.

유향, 이숙인 옮김, 『열녀전』, 예문서원, 1996; 2쇄 1997.

이숙인 역주, 『여사서』, 여이연, 2003.

이운구, 『순자』, 한길사, 2006.

이운구, 『한비자』, 한길사, 2002.

차주환, 『맹자』, 명문당, 1984; 중판 1992.

최진석, 『노자의 목소리로 듣는 도덕경』, 소나무, 2001; 2쇄 2002.

구보타 료온酒井忠夫 외, 최준식 옮김, 『도교란 무엇인가』, 민족사, 1990; 1991 2쇄.

도미야 이타루富谷至, 이재성 옮김, 『나는 이제 오랑캐의 옷을 입었소―이릉과 소무』, 시공사, 2003.

시대와 거울—포개어 읽는 동양 고전 02

맹자와 장자, 희망을 세우고 변신을 꿈꾸다
성정의 세계를 대표하는 두 거장의 이야기

1판 1쇄 발행 2014년 5월 30일
1판 2쇄 발행 2015년 8월 30일

지은이 | 신정근
펴낸이 | 정규상
펴낸곳 | 사람의무늬 · 성균관대학교 출판부
주소 | 110-745 서울특별시 종로구 성균관로 25-2
등록 | 1975년 5월 21일 제1975-9호
전화 | 02)760-1252~4 팩스 | 02)762-7452
홈페이지 | http://press.skku.edu

ISBN 979-11-5550-046-0 03150
      979-11-5550-032-3 (세트)
값 15,000원